JN183234

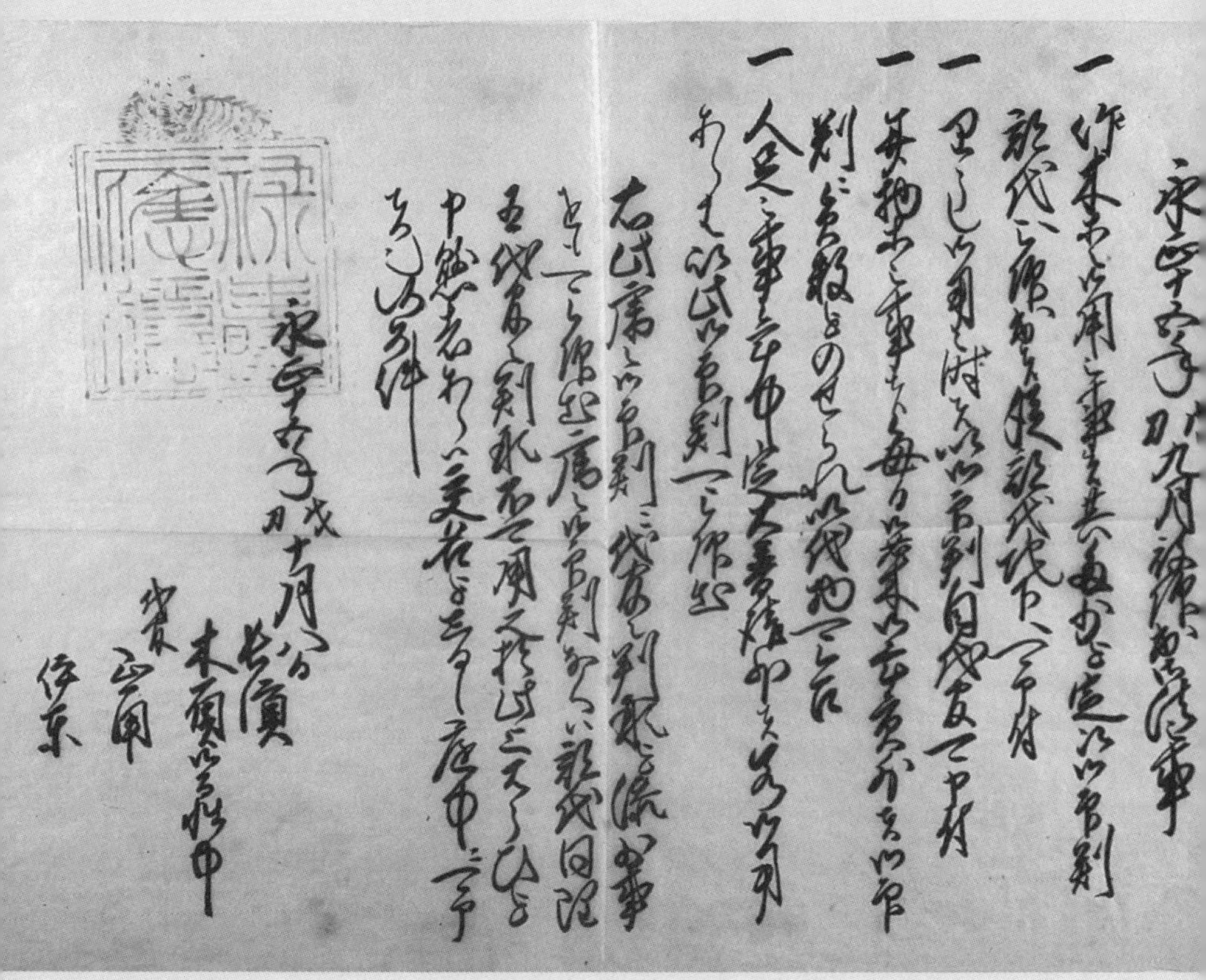

監修者――加藤友康／五味文彦／鈴木淳／高埜利彦

［カバー表写真］
韮山城跡・堀越御所跡・興国寺城跡をのぞむ
（静岡県伊豆の国市・沼津市）

［カバー裏写真］
北条早雲画像

［扉写真］
虎の印の初見文書
（伊勢家朱印状「大川文書」永正15〈1518〉年10月８日）

日本史リブレット人042

北条早雲
新しい時代の扉を押し開けた人

Ikegami Hiroko
池上 裕子

目次

新しい時代の扉を押し開けた人

北条早雲（一四五六～一五一九）は伊豆《いず》と関東に広大な領国《りょうごく》を築いた戦国大名北条氏の初代である。一代で伊豆と相模《さがみ》を平定し、北条氏発展の基礎を築いた。

かつては早雲は氏素性がわからず、素浪人から戦国大名に成り上がった、下《げ》克上《こくじょう》の時代を代表する人物という見方も流布していた。しかし、近年の研究により室町《むろまち》幕府の政所執事《まんどころしつじ》▲伊勢《いせ》氏の一族で、備中荏原郷《びっちゅうえばらごう》（岡山県井原《いばら》市）に所領をもつとともに、将軍の近臣として京都で申次《もうしつぎ》▲などをつとめていた伊勢盛時《もりとき》であることがわかった。父盛定《もりさだ》とともに中央政界の有力者だったとみられ、イメージが一新された。また、戦国大名への一歩となる一四九三（明応《めいおう》二）年の堀越《ほりごえ》公方《くぼう》襲撃（伊豆打入り）も同年の明応の政変で管領細川政元《かんれいほそかわまさもと》に擁立された足利義《あしかがよし》

▼**政所執事**　室町幕府の政所は将軍家の所領支配、幕府財産の管理、動産・貸借の訴訟などを担当した。その長官が執事で、南北朝末期頃から伊勢氏が任命されるようになった。執事代は蜷川《にながわ》氏。

▼**申次**　将軍の身辺に仕えて、将軍への対面や進物を取り次ぐ者。複数人いて申次衆を構成し、当番制で取次ぎにあたった。

澄《ずみ》のための敵討《かたきう》ちだったとする見方も出されている。さらに、伊豆打入り以後の関東での行動も、古河《こが》公方や山内《やまのうち》・扇谷《おおぎがやつ》両上杉《うえすぎ》氏を主体とした関東の対立抗争のなかに、軍事力として利用されたり巻き込まれたりしたかのようにみようとする立場もある。

戦国時代は旧来の勢力や枠組みが残っていた時代でもある。だが、早雲はみずからの意思で父祖伝来の所領を手放し、京都での役職や地位をすてたと筆者にはみえる。早雲はゆらぎつつも残る旧来の枠組みを離れて、東方にみずからの力によって立つ場をみつけようとして旅立ったのではなかったか。そしてそれは成功した。そこに新しい時代を切り開こうとした人の立つ時代の風を感じる。早雲の甥今川氏親《いまがわうじちか》の子今川義元《よしもと》が分国法《ぶんこくほう》▲の「今川仮名目録追加《いまがわかなもくろくついか》」第二〇条で「只今はをしなべて、自分の力量を以《も》って国の法度《はっと》を申付け、静謐《せいひつ》する事なれば」と述べたように、自分の力量によってみずからの道を切り開くという時代の風潮に乗った人物という側面に注目することは、それほど不当なことではあるまい。

早雲は幕府関係の史料に伊勢新九郎《しんくろう》盛時とみえ、伊豆にはいってからは入道《にゅうどう》

▼**分国法**　戦国大名が領国（分国）支配の規準として制定した法典。今川氏親が一五二六（大永六）年に制定した「今川仮名目録」、子の義元が五三（天文《てんぶん》二十二）年に制定した「今川仮名目録追加」、武田《たけだ》信玄《しんげん》が四七（同十六）年に制定した「甲州法度之次第《こうしゅうはっとのしだい》」などがある。

伊勢盛時(北条早雲)画像

北条氏・今川氏関係略系図

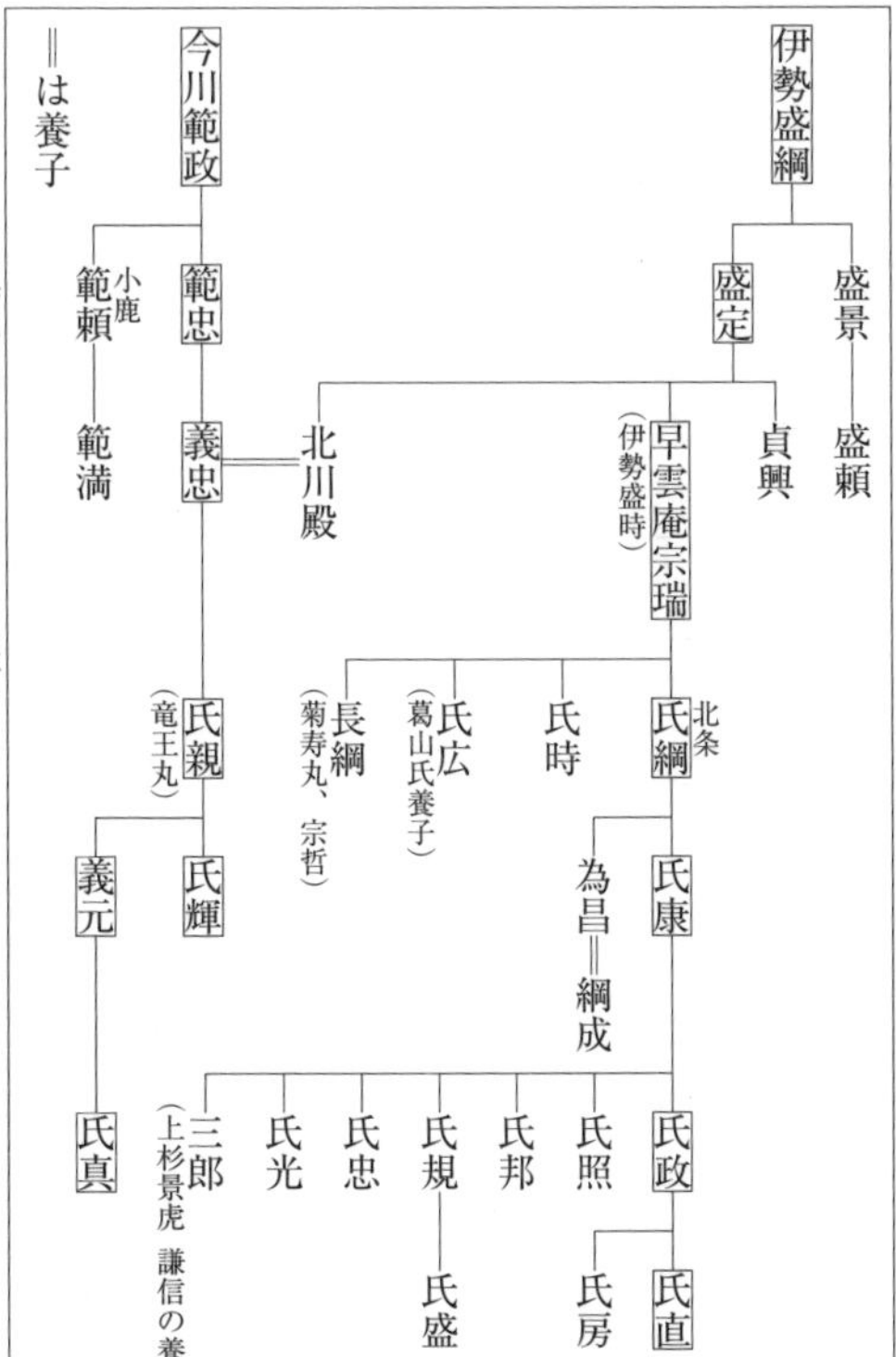

早雲の正室は小笠原政清《おがさわらまさきよ》(将軍足利義尚《よしひさ》の弓馬師範)の娘で、嫡子氏綱の母。法名南陽院殿《なんよういんでん》は同人もしくは後室とされる。側室に長綱(のちに宗哲《そうてつ》)の母善修《ぜんしゅう》寺《じ》殿《でん》がいる。ほかに、駿河《するが》の葛山《かつらやま》氏養子となった氏広《うじひろ》の母が葛山氏の娘で側室と推定されている。

名《めい》の宗瑞《そうずい》、早雲庵宗瑞と名乗っている。北条の名字を名乗るのは二代氏綱《うじつな》の一五二三(大永《たいえい》三)年からで、北条早雲の名は後世の通称である。このため近年は関東関係の著述では伊勢宗瑞と表記することが多い。しかし、本書では通称の北条早雲としている。早雲は庵号《あんごう》であるが、当時の文書に「河越と早雲和談」(一五一一年福島範為《くしまのりため》書状)、「早雲刷《つくろい》」(一五一二年上杉定実《さだざね》書状)と見える。『勝山《かつやま》記《き》』▲など当時の記録にも平氏《へいし》早雲、早雲入道、伊勢早雲、早雲などとみえ、同時代の人が早雲と呼ぶことが少なくなかった。これに北条の名字をつけることは不正確ではあるが、すでに広く知られた名であり、戦国大名北条氏の初代という立場をあらわす名でもあるので、本書では通称の北条早雲とした。なお、以下の叙述では、伊豆打入りまでは盛時の名を用いる(早雲の実名を長氏《ながうじ》、氏茂《うじしげ》とするものがあるが、当時の確かな史料には見えない)。

▼**『勝山記』** 一四六六〜一五六三(文正《ぶんしょう》元〜永禄《えいろく》六)年までの本編とそれ以前の前編からなる。本編は山梨県河口湖《かわぐちこ》町の法華宗《ほっけしゅう》寺院常在寺《じょうざいじ》とその末寺の住持《じゅうじ》らによる記録をもとに十六世紀末に編さんされ、内容は正確であると考えられている。写本に『勝山記』系と『妙法寺記《みょうほうじ》』系がある。『山梨県史』資料編6参照。

①—都鄙を結んで

幕府の申次衆伊勢盛定・盛時

早雲(伊勢《いせ》盛時《もりとき》、宗瑞《そうずい》)は一五一九(永正《えいしょう》十六)年八月十五日に死去した。『続群《ぞくぐん》書類従《しょるいじゅう》』所収の伊勢系図などに享年が八八歳とあることから逆算すると、生まれた年は一四三二(永享《えいきょう》四)年になると考えられてきた。しかし、姉や子どもの年齢などを勘案すると整合性がなく、誕生年が早すぎるという難点があった。これに関して、黒田基樹氏が仮説として一四五六(康正《こうしょう》二)年誕生説▲を提唱した。干支は丙子《へいし》である。早雲は子《ね》年生まれとみなせる逸話が『北条五代記』▲などに見えることから(後述)、子年を選ぶことは不当ではない。これによると享年は六四歳となり、親・姉・子どもとの年齢上の食違いもなくなる。確定できる材料はないが、妥当性の高い仮説としてこれにより、以下の叙述を進めよう。

父は伊勢盛定《もりさだ》、母は政所《まんどころ》執事《しつじ》伊勢貞国《さだくに》の娘(伊勢貞親《さだちか》の妹)で、盛時はその次男とされる。盛定は将軍の側近として十五世紀のなかば頃申次衆《もうしつぎしゅう》、奉公衆《ほうこうしゅう》▲となっている。盛時は一四八三(文明《ぶんめい》十五)年十月十一日に申次衆になり、八七(長《ちょう》

▼一四五六年誕生説　黒田基樹氏はその後、「駿河大宅《おおや》高橋家過去帳一切」と題する史料のなかに、早雲の享年が六四歳と記されていることを紹介している。この史料は高橋氏が古位牌《いはい》を処分するにあたり、銘文を一九五〇年代初めに書写したものとされる(黒田、二〇一三年)。

▼『北条五代記』　北条氏五代の事績・逸話集。北条氏に仕えていた三浦五郎左衛門尉茂正《しげまさ》(法名浄《じょう》心《しん》)の著『慶長見聞集《けいちょうけんもんしゅう》』(末尾に慶長十九〈一六一四〉年十二月二十五日の日付がある)から、北条氏関係の項目を抜き出して成立したものとされる。一六四一(寛永《かんえい》十八)年には刊行されている。

▼奉公衆　室町幕府の将軍直属軍。足利一門・守護家庶流・有力国人領主などからなり、五番に編成された。守護からの自立性を保ち、守護を牽制して将軍を直接支える役割を担った。

享《きょう》元)年正月には御供衆《おともしゅう》▲になっている。いずれも伊勢新九郎《しんくろう》盛時と見える。同年四月十四日に甘露寺親長《かんろじちかなが》が将軍足利義尚《あしかがよしひさ》を見舞ったとき、盛時が申次をしている(『親長卿記《ちかながきょうき》』▲)。この時在京して申次の任にあったことが確認される。また、一四九二～九三(明応《めいおう》元～二)年頃には奉公衆の一番衆として見えるが、在京は不明である。このように、十五世紀の中葉からほぼ半世紀にわたって、盛定・盛時父子が将軍の側近として幕政にかかわった。したがって、二人とも基本的には京都に在住していたと考えてよいであろう。しかし、父子の主要な経済基盤は備中《びっちゅう》の荏原郷《えばらごう》▲にあった。

荏原郷は現在の岡山県井原《いばら》市西江原町《にしえばらちょう》・東江原町・神代町《こうじろ》・青野町《あおの》・野上町《のがみ》を中心とする広域な地である。この地は鎌倉《かまくら》時代に下野国那須《しもつけのくになす》郡に本拠を有した那須氏の所領であった。「那須系図」(『続群書類従』)では、源平合戦《げんぺいかっせん》の屋島《やしま》の戦いで扇を矢で射たとして有名な那須与一《よいち》が源頼朝《みなもとのよりとも》から恩賞としてあたえられたと記されている。十三世紀半ばには那須氏が荏原郷の領主であることが確認でき、その後戦国時代まで郷の一部に領主権をもっている。その荏原郷に伊勢氏が進出してきた。

▼**御供衆**　室町幕府将軍の近臣で、将軍御成《おなり》(外出)の御供をし、饗宴《きょうえん》の場に同席する者。伊勢氏のほか、細川・畠山《はたけやま》・一色《いっしき》・山名《やまな》・大館《おおだち》氏など、特定の家の者に限られた。

▼**『親長卿記』**　権大納言《ごんだいなごん》甘露寺親長(一四二四～一五〇〇)の日記。幕府や朝廷関連の記事が多く、十五世紀後半の政治・社会に関する貴重な史料。

▼**荏原郷**　以下の記述は『井原市史』Ⅰ自然風土・考古・古代・中世・近世通史編、『井原市史』Ⅲ古代・中世・近世史料編を参照した。なお、北条早雲を荏原郷(荏原荘)の領主だったとする説、同郷出身であるとする説が江戸時代からあるが、同時代史料を用いて備中生国説を提唱したのが藤井駿氏である。

伊勢氏、備中荏原郷に所領をえる

盛時の従兄弟《いとこ》で申次衆や奉公衆をつとめた伊勢盛頼《もりより》が一四八五（文明十七）年に荏原郷の祥雲寺《しょううんじ》（現西江原町の正雲寺《しょううんじ》の前身とみられている）の寺領を押領《おうりょう》しているとして住持《じゅうじ》の珠徹《しゅてつ》（盛定の兄弟）から訴えられ相論《そうろん》が続いた。これに関して盛時が証言したところによると、祥雲寺は盛頼・盛時の曽祖父の因幡入道《いなばのにゅうどう》（盛《もり》久《ひさ》）が創建して寺領を寄進した、祖父（盛綱《もりつな》）の代に所領を兄弟（盛頼の父盛景《もりかげ》と盛定）に半分ずつ譲与した、したがって盛頼も盛時も祥雲寺領に干渉するいわれはないというものであった（『蔭涼軒日録《いんりょうけんにちろく》』▲文明十七年十一月二十五日条）。伊勢氏が荏原郷を知行《ちぎょう》するようになったのは遅くとも盛時の曽祖父の代にさかのぼる。十四世紀末か十五世紀初めのことであろう（『井原市史』では幕府直轄領の代官《だいかん》としての入部とみている）。

盛定は一四三〇（永享二）年に長谷《ながたに》（西江原町）の地に曹洞宗《そうとうしゅう》の法泉寺《ほうせんじ》を創建したと伝えられる。一四五二（享徳元）年十二月に「本檀那《ほんだんな》」の盛定は五段三〇代《しろ》の土地を法泉寺に売寄進している。同じ頃、万代二郎左衛門尉《さえもんのじょう》が荏原郷那須資《すけ》英《ひで》の知行する畠四段を買って法泉寺に寄進し、守護細川氏久《しゅごほそかわうじひさ》の保障をえている。

▼**『蔭涼軒日録』**　相国寺《しょうこくじ》の蔭涼軒にあって鹿苑僧録《ろくおんそうろく》を補佐した蔭涼職の日記。室町幕府の五山十刹《ござんじっさつ》制度のもと、鹿苑僧録は相国寺鹿苑院主がつとめ、宮寺の住持推挙、僧階の昇進、所領の寄進、訴訟の裁決などを取り扱ったので、その情報を知ることができる。

三カ条の禁制（「法泉寺文書」、一四七一〈文明三〉年六月二日付）

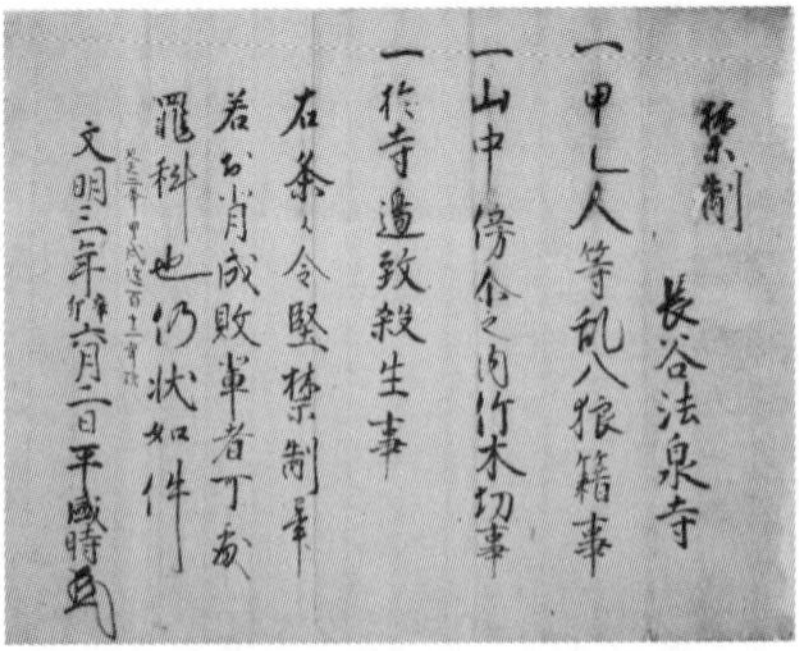
禁制　長谷法泉寺
一 甲乙人等乱入狼藉事
一 山中傍示之内竹木切事
一 於寺辺致殺生事
右条々令堅禁制畢、若於背成敗輩者可處罪科也、仍状如件
文明三年辛卯六月二日 平盛時

▼**禁制**　領主や軍隊の指揮者などが、暴力行為や課税などの行為を禁止するために出した法令。多くの場合、寺社・町・村などからの申請に応じて出された。甲乙人とは不特定の人びと、一般庶民。

盛時はこの法泉寺に対し、一四七一（文明三）年六月二日付で平《たいらの》盛時の名で三カ条の禁制《きんぜい》▲を出し、甲乙人などの乱入狼藉《ろうぜき》、寺領内での竹木伐採、寺辺での殺《せっ》生《しょう》を禁止している。これが現在知られる盛時の発給文書《はっきゅうもんじょ》の初見である。一四九〇（延徳《えんとく》二）年四月には盛頼が田三段を法泉寺に売寄進し、そこから年貢《ねんぐ》五〇〇文を毎年盛頼におさめるよう定めている。これ以前、荏原郷には寺社領を除いて、少なくとも那須氏と伊勢盛時・同盛頼という三人の領主がいたことがわかる。伝承では盛定・盛時は東江原町の東よりにある高越《たかこし》（山《やま》）城《じょう》によったという。

江戸《えど》時代の一六四四（正保《しょうほう》元）年頃の石高《こくだか》を『正保郷帳《ごうちょう》』▲によってみると、東江原村が二二〇〇石余、西江原村が一七五〇石余もあり、室町時代でも荏原郷全体としておさめる年貢量はけっして少なくなかったとしても、その三分の一ほどになる盛時の取り分がそれほど大きかったとは考えにくい。ここでの収入で豊かだったとはいえないかもしれない。

一四八〇（文明十二）年と翌年に、幕府は分一徳政《ぶいちとくせい》▲に関する法令を出し、債権者もしくは債務者が五分の一の分一銭を幕府に納入すれば、債権者には債権を保護し、債務者には債務を破棄すると定めた。その処理をめぐる幕府方の書類のなかに盛時らの名が見える（『室町《むろまち》幕府引付《ひきつけ》史料集成』）。盛時とその被官《ひかん》小林《こばやし》山城守氏職《やましろのかみうじもと》は備中守護代《しゅごだい》家の庄伊豆守《しょういずのかみ》の被官渡部帯刀丞《わたなべたてわきのじょう》から借銭をして、その未返済分、盛時一六貫文《かんもん》、氏職三三貫文について債務破棄を申請している。盛頼は今川《いまがわ》氏の雑掌《ざっしょう》▲に貸している九〇貫文の債権の保護を、他方で阿茶女《あちゃめ》から一一貫余の借銭をして、その債務の破棄を申請している。また、盛頼の弟で荘原郷の政所として現地の支配にあたった珠竜は百姓《ひゃくしょう》や祥雲寺・那須修理亮《しゅりのすけ》・伊達常陸介《だてひたちのすけ》・清《せい》備中守秀数《かみひでかず》らに銭を貸していたことがわかる。盛頼と今川氏の京都雑掌との関係が注目される。

　盛頼と弟は荘原郷の支配に積極的で、かなりの蓄財もしていたことがわかり、祥雲寺領の押領もその延長上で起こったことであろう。他方、盛時については債務者の姿がうかがえる。これよりさきの一四七四（文明六）年、父の盛定は具《ぐ》足《そく》を二〇貫文で売却する約束をしているから、父子ともに経済的に困難な状況にあったのであろう。

　江戸時代初めに、小瀬甫庵《おぜほあん》は、豊臣秀吉《とよとみひでよし》との戦争に突き進んだ四代北条氏政《うじまさ》

▼**『正保郷帳』**　幕府は一六四四（正保元）年に、国絵図《くにえず》とともに、国単位に村ごとの石高を書き上げた帳面の作成を命じた。帳面は一〇年余りのちに完成している。

▼**分一徳政**　室町幕府は債権・債務の破棄などを認める徳政令を出しているが、一四五四（享徳三）年にはじめて、分一徳政令を出し、債務者が債務額の一〇分の一の分一銭を払えば債務破棄を認めると定めた。その後、分一銭納入で債権を保護する規定も出されるようになる。分一銭が五分の一の場合もあった。

▼**雑掌**　中世には荘園の経営や訴訟などの雑務を担当する者をいったが、ここでは守護や地方の武将が京都に駐在させて、幕府・公家などとの交渉・交流、情報入手・伝達などの雑事を担当させた在京雑掌。

の由来について、『太閤記《たいこうき》』▲で次のように記している。

平清盛《きよもり》の八男助盛《すけもり》の末裔伊勢新九郎(早雲のこと)がその元祖で、備中国で本《ほん》知《ち》三〇〇貫の領主であったが、その土地を同姓の富家《ふか》に売り授けて路銭をととのえ、武略を備えた武士三〇余人をつれて、一四五七(康正《こうしょう》三)年の春に関東をめざして武者修行に出た。

関東へ向かったという年次は早すぎるが、荏原郷や近隣の人が何人か家臣《かしん》として従ったことは確かであろう。本書では彼らを根本《こんぽん》被官と呼ぶことにする。平氏《へいし》で、備中に領地をもっていたことも確かである。所領の大きさが三〇〇貫というのもそれほどかけ離れた数字ではないであろう。その所領を同姓の富家に売ったというのも、盛頼に売ったと推測してよいように思われる。すなわち盛時は、借銭をするような状況に陥って、荏原郷の領主としての立場に見切りをつけ、所領を売却して、新しい道を模索することになったと想像され、右の記述にはそれほどの違和感はない。なお、同書はこのあとに、途中で伊勢神宮に詣でたこと、ついで駿府《すんぷ》にいき今川氏に仕えたことなども記している。

▼**『太閤記』**　小瀬甫庵(一五六四〜一六四〇)が著わした豊臣秀吉の伝記。二二巻からなり、一六二五(寛永二)年の自序(著者による序文)がある。『甫庵太閤記』とも。

今川家の家督争いを制する

盛定の娘(盛時の姉)が駿河の守護今川義忠《よしただ》に嫁いで嫡子竜王丸《りゅうおうまる》(氏親《うじちか》)を産んだのが一四七一(文明三)年と推定されている。その前に娘が誕生しているので、婚姻はおよそ応仁《おうにん》の乱《らん》が始まった頃と推定されている。義忠は応仁の乱が起こると上洛《じょうらく》している。盛定は申次衆として、また政所執事伊勢貞親の義弟として幕府中枢にあり、駿河・遠江《とおとうみ》の武将たちと将軍・政所執事との取次をするなどして密接な関係をもった。それが娘を義忠に嫁がせる背景になっている。

一四七三(文明五)年十一月、義忠は足利義政《よしまさ》から遠江懸革荘《かけがわのしょう》(掛川市《かけがわ》)の代官職をあずけられている。今川氏は南北朝《なんぼくちょう》期に遠江の守護だった時期があり、その後斯波《しば》氏にかわっているから、今川氏には遠江獲得の願望があったと推測される。代官職はその足掛かりとして重要である。一四七五(文明七)年に遠江の有力国人《こくじん》勝田《かつまた》(勝間田《かつまた》)氏と横地《よこじ》氏が義忠方に敵対すると、義忠は出陣して両氏を討った。しかし、帰陣の途中に一揆《いっき》の襲撃を受けて討たれてしまった(『今川記《いまがわき》』▲ほか)。一四七六(文明八)年二月のこととされる。嫡子竜王丸はわずか六歳であったため、一族で義忠の従兄弟にあたる小鹿範満《おしかのりみつ》を家督《かとく》に押す勢力が

▼**『今川記』** 『富麓記《ふろくき》』ともいう。今川氏家臣という斎藤道斎《さいとうどうさい》が源氏・足利氏の歴史を略述したうえで、今川氏の始祖から氏親の家督継承、早雲の伊豆打入りなどを著わした合戦記。本来は四巻だったが、後年に今川仮名目録・系図を加えて五巻となった。

あり、家督相続争いが起こった。このため三月には扇谷上杉定正《さだまさ》が縁者である範満支援のため太田道灌《おおたどうかん》▲を派遣した。道灌の軍勢は六月に足柄峠《あしがらとうげ》を越えて駿河に入り、堀越公方《ほりごえくぼう》足利政知《まさとも》も範満支援のため側近の上杉政憲《まさのり》（範満の母は政憲の娘）を駿河に送って、双方の和談《わだん》を模索した。ちょうどその時、姉（北川殿《きたがわどの》）をたずねて盛時が駿河に来ており、盛時の調停により、まず範満が家督につき、のちに竜王丸に家督を渡すことで和議《わぎ》が成立したという。これにより、竜王丸と母は避難先の山西《やまにし》を出て、丸子《まりこ》（静岡市）にあらたに館を建てて移ったとされる（『今川家譜《かふ》』▲）。

『今川家譜』はのちに書かれたものであり、家督争いの時にたまたま都合よく盛時が駿河に来ていて和議成立に中心的な役割を果たしたかどうかについては疑問も出されている。しかし、家督争いの渦中にある甥の竜王丸と母親（姉）が危険にさらされ、身を隠さなければならなかったのは確かであろうし、母親が実家や政所執事家に助けを求めた可能性は高い。道灌が駿河に入ったのは六月とされるから、そのあいだに竜王丸支援のために盛時が駿河にやってくるのは可能であろう。二一歳の若輩とはいえ、その出自から、道灌や政憲、今川家臣

太田道灌画像（部分）

▼**太田道灌**　一四三二〜八六。実名は資長《すけなが》（持資《もちすけ》とも）。扇谷上杉氏の家宰《かさい》。江戸城のほか河越《かわごえ》城・岩付《いわつき》城を築いたとされる。山内・扇谷上杉氏と古河公方が戦う享徳の乱、主人の山内上杉氏に反旗をひるがえした長尾景春《ながおかげはる》の乱で活躍したが、一四八六（文明十八）年上杉定正に殺害された。

▼**『今川家譜』**　今川氏の始祖から戦国大名としての最後を迎えた氏真《うじざね》まで、歴代の事績を簡潔に記している。著者は今川家臣で、氏真が武田信玄の攻撃を受けて駿府

を退去する際に失われた記録を思い出して著わしたとする。

▼興国寺城　現沼津市根古屋《ねごや》にあった城。確かな史料に登場するのは一五四九(天文《てんぶん》十八)年二月のことで、今川義元が興国寺の敷地に城郭を構えるため寺の移転を命じている。この時、興国寺城が築城されたことはまちがいないが、それ以前に小規模な要害があって、早雲が伊豆侵攻前に拠点とした可能性が考えられる。

今川氏親木像(部分)

らにとって軽視できない存在であったはずである。竜王丸が家督継承権者としての立場を保持できたのは盛時や伊勢一族の力が働いたからであろう。

その後、盛時は京都に戻る。一四七九(文明十一)年十二月二十一日、足利義政は竜王丸に対し義忠の遺跡所領などを相続することを認める文書を発給した。盛定・盛時父子の尽力があったにちがいなく、竜王丸が今川家の正統な家督継承者であることを幕府に認めさせ、将来に備えたのであろう。盛時は一四八三(文明十五)年に幕府の申次衆になり、八七(長享元)年に御供衆になるが、八七年の四月十四日に将軍義尚の申次をしていて在京が確認される(『親長卿記』)。その後、駿河にくだって、十一月九日に小鹿範満を襲撃して殺害した。竜王丸は一七歳になっていたが、範満が家督を譲らなかったためとされる。こうして盛時は竜王丸を今川家家督にすえることに成功し、恩賞として富士下方《しもかた》一二郷をあたえられ興国寺城《こうこくじ》▲(沼津市《ぬまづ》)に入ったとされる(『今川記』『今川家譜』)。

その後しばらく盛時は駿河にとどまり、竜王丸の後見役《こうけんやく》をつとめたとみられる。翌一四八八(長享二)年九月、盛時は長田荘《おさだ》(静岡市)にあった熊野那智山領《くまのなちさん》を返還する措置をとっている(「米良《めら》文書」)。その後上洛したらしく、一四九一

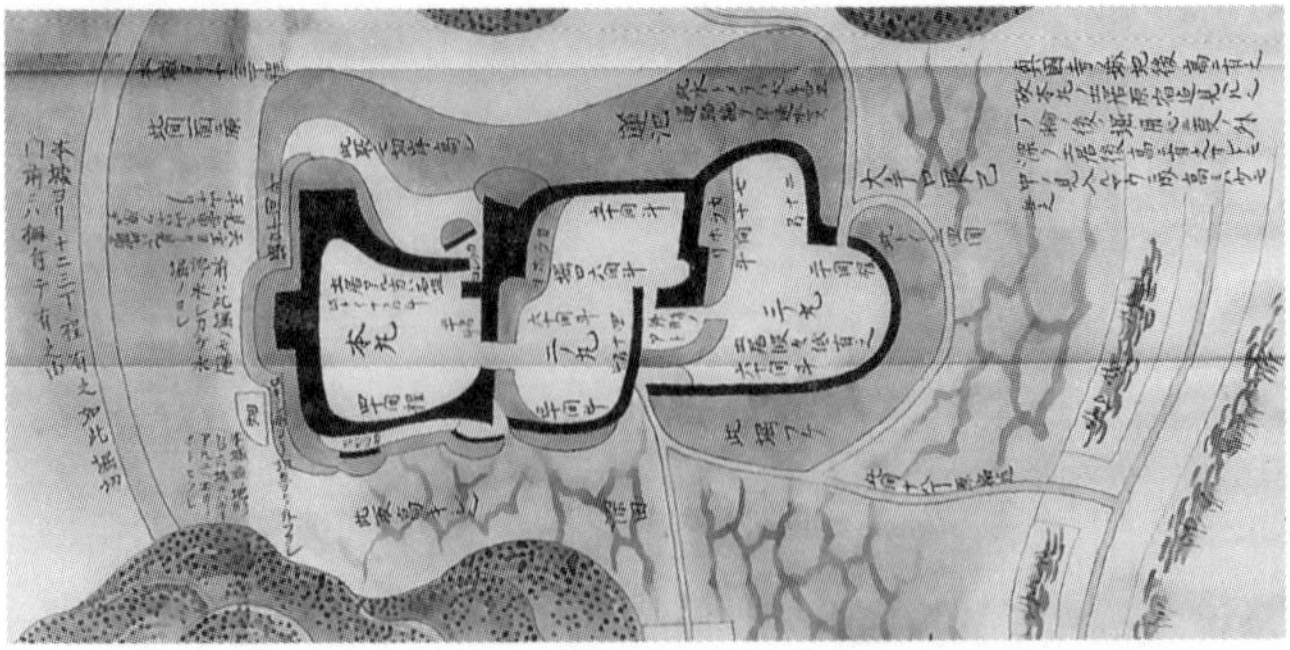

興国寺城絵図（部分）

（延徳三）年五月七日には在京していて、将軍足利義材《よしき》の申次をしている（『北野《きたの》社家《しゃけ》日記』）。その前日に幕府は竜王丸宛に北野社領の押領をやめるよう命じる文書を発給しているが、竜王丸に届けられることなくとどめおかれた。それが八月になって伊勢貞遠《さだとお》の計らいでようやく盛時に伝達されることになった。北野社は確実な執行を盛時に期待したのであろう。この時点で盛時は駿河にいたとみられる。これ以前の七月一日に茶々丸《ちゃちゃまる》が潤童子《じゅんどうじ》とその母円満院《えんまんいん》を殺害していたから、その事件を受けて駿河に戻った可能性がある。

石脇城と興国寺城

盛時は小鹿範満を討って竜王丸を家督にすえた功績により、所領をあたえられて興国寺城に入ったとするのが『今川記』など諸書にほぼ共通している。他方、四月二日付（年未詳）で根本被官の大道寺盛昌《だいどうじもりまさ》が出した書状に「早雲寺殿様、駿州石脇《いしわき》御座候時」とあり、盛時がある時期に駿河の石脇城（焼津《やいづ》市）にいたことは確実である。この書状は伊豆西海岸の江梨《えなし》（沼津市）の鈴木入道・同小次郎が、不入権《ふにゅうけん》を認められている江梨に雇夫《やといふ》が賦課されたことを不当と訴えたのに対し、寄親《よりおや》▲の盛昌が彼らのために尽力している状況を書き送ったものである。そこには、盛時が石脇城にいた時から江梨の鈴木氏ら西海岸の地侍《じざむらい》▲・武士と通好があったこと、鈴木氏は数回の忠節があって、同様に忠節があった土肥《とい》（伊豆市）の富永《とみなが》氏とともに不入権が認められたこと、盛時の伊豆打入り前後の忠節は笠原信為《かさはらのぶため》がすべて承知していることが記されている。

今川義忠が亡くなって家督争いが起きた時、北川殿と竜王丸は山西の有徳人《うとくにん》小川法栄《こがわほうえい》（法永《ほうえい》とも。長谷川氏）のもとに身をよせていたといわれる。小川は現焼津市の小川や小川港の辺りで、室町時代から「小河津《こがわつ》」という、清水湊《しみずみなと》などとならぶ重要な港があった。石脇と小川港との距離は直線距離にしてわずか四キロ余である。また、和議が成立して小鹿範満が駿府館に入ると、竜王丸らは法栄のもとを出て、丸子に館を新造して移ったというが、丸子と石脇はあいだに山を挟むとはいえ、直線で結べば七キロほどである。

前述のごとく、一四八八（長享二）年九月、盛時は熊野那智山領の長田荘内新《しん》田《でん》分を神社側に返還する決定をした。その神領は定泉坊《じょうせんぼう》のなんらかの行為（敵対か）によって没収していたもので、もし今後その神領に不法行為をなす者が

▼**寄親**　戦国大名は村の有力者や中小武士層、その一族などを大量に家臣団に編成して兵力を増強した。そうした中小規模の家臣を戦時や平時に効率的に活用するため、彼らを寄子《よりこ》（同心《どうしん》とも）とし、有力家臣を寄親として、寄親の指揮下におく寄親・寄子制をとった。寄子は寄親の家臣ではなく、大名の家臣であるが、寄親は寄子の訴訟を取り次ぐなどの保護を加えた。

▼**地侍**　郷村《ごうそん》の有力者で、多くの土地の権利をもち、用水の管理、神事祭礼《しんじさいれい》の中心的担い手などとして、郷村の運営を主導した。戦国大名や有力家臣に臣従する者が多かったが、百姓身分のままの者もいた。

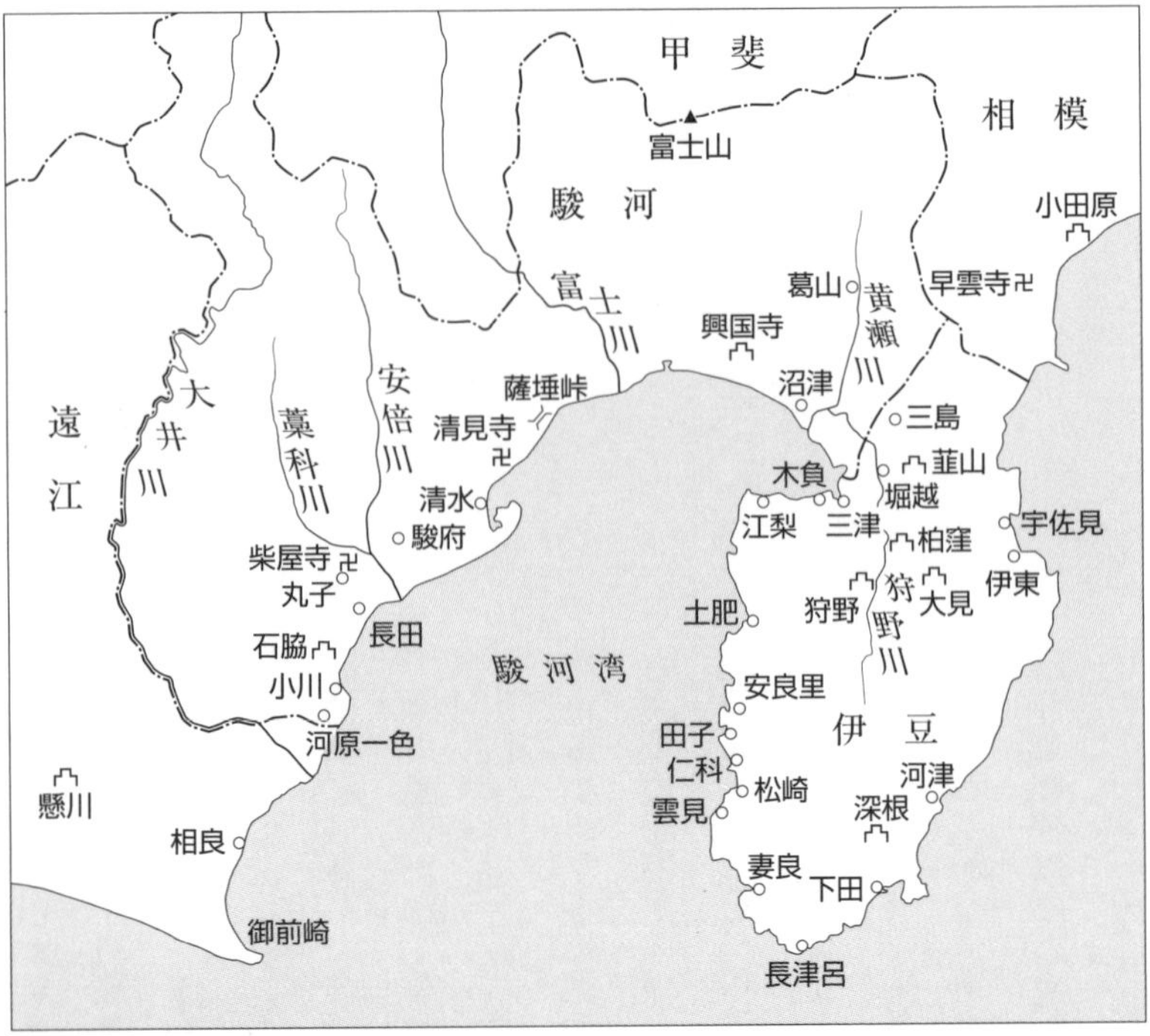

盛時(早雲)関係地図(駿河・伊豆)

韮山城跡・堀越御所跡・興国寺城跡をのぞむ

いれば、盛時から命令するとしている。すなわち、盛時は不法行為を排除したり処罰したりする権限をもっていたと考えられる。同荘も石脇に近い。さきにふれた、北野社領の押領を排除するよう命じた幕府奉行人奉書《ぶぎょうにんほうしょ》▲が、一四九一(延徳三)年八月に盛時に届けられることになったが、その社領の河原一色《かわらいっしき》は現焼津市にあり、石脇から直線距離で八キロ弱である。

　このように伊豆侵攻以前の一四九一年八月までに盛時がかかわった地が石脇から直線距離で八キロ以内におさまる。安倍川《あべがわ》以西のこの範囲を含む地域になんらかの広域的・公的な権限を有していた可能性が高い。そうした権限をもった盛時の居城として石脇城の整備が行われたとみられるが、比較的小規模で遺構の残りが悪く、全貌は不明とされる(『焼津市史』資料編)。竜王丸を家督につけた一四八七(長享元)年以後のある時点で石脇城を去り、伊豆打入りの前に興国寺城に拠点を移し、そこから伊豆に打ち入ったのではないだろうか。その時、盛時のもとには根本被官とその従者からなる二〇〇人ほどの軍勢がいたとされる。その多くが本貫地《ほんがんち》▲や居住地をすて、一時浪人になった人びとであり、伊豆の人びとにとっては外来者の集団であった。

▼**幕府奉行人奉書**　奉書は上位者の意志を伝達する際に、その意をうけたまわった従者の名で発給する文書。この場合、訴訟の裁許内容を将軍の意をうけたまわった形で裁判担当奉行人が発給した文書。

▼**本貫地**　律令《りつりょう》制で戸籍に記載された土地を本貫といったことから、本籍地・出身地の意に用いられる。

以天宗清画像(部分)

▼**『太平記』**　南北朝内乱を描いた軍記物語。鎌倉末期の後醍醐《ごだいご》天皇の即位《そくい》から室町幕府三代将軍足利義満《よしみつ》の登場までを描く。四〇巻。

▼**足利学校**　栃木県足利市にあった中世の学校。室町初期の創設といわれ、十五世紀前半に関東管《かん》領《れい》上杉憲実《のりざね》が整備し書物を寄進。上杉氏・北条氏・江戸幕府が保護を加えた。全国から学徒が集まり、戦国時代にやってきた宣教師《せんきょうし》にも坂東《ばんどう》の大学として知られた。

▼**建仁寺**　京都市東山区にある臨済宗寺院。一二〇二(建仁二)年、

学問と参禅

盛時は父と同様に申次衆などとして将軍のそばに仕え、政所執事に近い一族であった関係から、生活の基盤は基本的に京都にあったといってよいだろう。その親族や生活環境からみて、幼少期から将軍を中心としてはぐくまれた京都の文化のなかに身をおき、十分な教育を受けたであろうことが推定される。また、盛時自身が学問を好んだことがうかがえる。京都にいた二十代のことであろうか、臨済宗《りんざいしゅう》の建仁寺《けんにんじ》や大徳寺《だいとくじ》に参禅している。このうちの建仁寺参禅について岩崎宗純氏は、同寺は詩文を学ぶ文筆僧が多く、五山本《ござんぼん》の出版元として中国の古典籍を多く所蔵していたことから、目的は学問のためではなかったか、とくに中国の兵法書を学ぶためではなかったかと推測している。

早雲は日本の南北朝内乱を描いた『太平記《たいへいき》』▲を常日頃愛読していた。一五〇五(永正二)年五月書写の奥書をもつ『太平記』(陽明《ようめい》文庫所蔵)のもとになった写本は、早雲が完成させたものであった。早雲は、他の写本《しゃほん》類を借りて誤りを正したうえで足利学校▲(栃木県足利市)で学徒に校訂させて正確を期した。さらにそれを京都に送って壬生雅久《みぶまさひさ》に訓読のための返り点や仮名をつけるよう依頼したこと

日本臨済宗の祖といわれる栄西《えいさい》の創建。京都五山の一つ。

▼大徳寺　京都市北区にある臨済宗寺院。一三二六(嘉暦《かりゃく》元)年宗峰妙超《しゅうほうみょうちょう》の創建。京都五山の第一とされたが、のちに五山派を離脱。一休宗純《いっきゅうそうじゅん》が応仁の乱で焼失した伽藍を復興した。

早雲寺

が奥書《おくがき》からわかる。

盛時は建仁寺▲に学んだのちに大徳寺▲に入り、四十世春浦宗熈《しゅんぽそうき》に師事し禅を学んだ。同じころ同寺で学び、のちに同寺の七十二世となった東渓宗牧《とうけいそうぼく》からは禅の道に精進したと評価され、「天山《てんざん》」の道号をあたえられた(「東渓宗牧語録」）。

大徳寺への参禅は盛時に大きな影響をあたえた。亡くなる数年前に大徳寺にいた以天宗清《いてんそうせい》(政所執事伊勢氏の被官蜷川《にながわ》氏の出身)を韮山《にらやま》の香山寺《こうざんじ》の住持に招いた。

そうして早雲が亡くなると、その遺言により、氏綱は箱根湯本《はこねゆもと》に菩提寺として早雲寺の伽藍《がらん》を整備し、その住持に以天宗清を迎えた。湯本は箱根山の山麓にあり、伊豆三島《みしま》と小田原《おだわら》を結ぶ東海道《とうかいどう》の宿場《しゅくば》であった。自身の死後に本城となる小田原の防備も念頭においた選地であろう。

その後、早雲寺・以天とその後継者は北条氏の支援を受けて関東における大徳寺派(関東竜泉《りょうせん》派)の教線を伸ばしていった。早雲寺には各地から多くの修行者が集まり、そして巣立った。優秀な僧が早雲寺住持をへて大徳寺の住持になる慣例ができ双方に強い結び付きが生まれた。彼らのまわりに集う連歌《れんが》師《し》・絵師・茶の湯をたしなむ人びとも北条領と京都・畿内《きない》の文化交流をうながした。

②—伊豆に自立す

堀越公方足利政知と茶々丸

関東では鎌倉公方《かまくらくぼう》▲足利《あしかが》氏と幕府・関東管領《かんれい》山内上杉《やまのうちうえすぎ》氏の対立を軸として、十五世紀には永享《えいきょう》の乱《らん》、享徳《きょうとく》の乱▲が起こった。享徳の乱により関東を二分する公方派と山内・扇谷《おおぎがやつ》両上杉派の戦いが二三年間にわたって展開することになった。幕府に反抗的な鎌倉公方足利成氏《しげうじ》は鎌倉にいられなくなり、下総《しもうさ》北部の古河《こが》(茨城県古河市)に移って古河公方と呼ばれるようになった。将軍足利義政《よしまさ》は成氏にかわる関東の公方として兄弟のなかから政知《まさとも》を選んで鎌倉に向け送り出したが、政知は鎌倉に入ることができず、一四五八(長禄《ちょうろく》二)年に伊豆《いず》に入り、やがて堀越《ほりごえ》(伊豆《いず》の国《くに》市)を拠点としたので、堀越公方と呼ばれる。幕府は補佐役として渋川義鏡《しぶかわよしかね》(のちに失脚)や犬懸《いぬがけ》上杉教朝《のりとも》(のちに自害)をつけ、公方府の構成員として奉行人《ぶぎょうにん》や奉公衆《ほうこうしゅう》を派遣した。軍事力は弱体で、幕府の命令を受けた駿河《するが》今川《いまがわ》氏など近隣の守護《しゅご》が救援する仕組みであった。

外来者である政知とその配下の者たちは新しい土地にやってきて、みずから

▼**鎌倉公方**　室町幕府は東国《とうごく》を支配するために鎌倉に鎌倉府を設け、その長を鎌倉公方(関東公方)と呼んだ。足利尊氏の二男基氏《もとうじ》から子孫に伝えられたが、四代持氏《もちうじ》は幕府・関東管領と対立して一四三八(永享十)年に永享の乱を起こして翌年敗死。一時、鎌倉公方不在となった。

▼**享徳の乱**　足利持氏の遺児成氏は一四四七(文安《ぶんあん》四)年鎌倉公方となったが、幕府・関東管領上杉憲忠《のりただ》と対立、五四(享徳三)年に憲忠を謀殺したことから享徳の乱が起こった。翌年、成氏は下総古河に移って古河公方と呼ばれ、おもに東関東の武将の支持を受け、しだいに伊豆・西関東を押さえた山内・扇谷上杉氏方とのあいだで関東を二分する戦いが続いた。

足利氏略系図

- ①尊氏
  - 直冬
  - ②義詮
    - ③義満
      - ④義持
        - ⑤義量
      - 義嗣
      - ⑥義教
        - ⑦義勝
        - ⑧義政
          - ⑨義尚
        - 政知〔堀越公方〕
          - 茶々丸
          - ⑪義澄
            - ⑫義晴
              - ⑬義輝
              - ⑮義昭
            - 義維
              - ⑭義栄
          - 潤童子
        - 義視
          - ⑩義稙
      - 義昭
    - 満詮
  - 基氏〔鎌倉公方〕
    - 氏満
      - 満兼
        - 持氏
          - 義久
          - 安王
          - 春王
          - 成氏〔古河公方〕
            - 政氏
              - 高基
                - 晴氏
                  - 義氏 ＝ 国朝〔喜連川〕
              - 義明〔小弓公方〕
        - 持仲
      - 満直
      - 満隆
      - 満貞

＝は養子

堀越御所跡(伊豆の国市)　鎌倉北条氏の館跡に設けられた。

足利茶々丸夫妻の墓と伝える石塔(下田市)

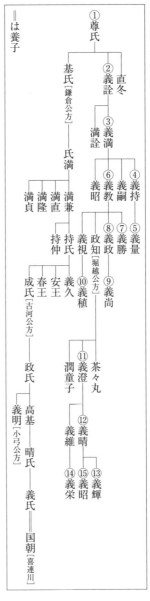

所領の獲得・支配に乗りだす。たとえば、一四六一(寛正《かんしょう》二)年七月、奉行人布施為基《ふせためもと》が小田原《おだわら》にやってきて、大森《おおもり》氏▲の所領や寺社領を支配しようとして入部を企てたので、大森氏が強く抗議してやめさせている。同人は同じ年、伊豆の安久郷《やすひさ》(三島《みしま》市)や加納《かのう》郷(南伊豆町)を押領《おうりょう》したとして訴えられている(『蔭凉《いんりょう》軒日録《けんにちろく》』寛正二年八月十日条)。また、翌年政知は公方としての立場を示すためか、松田左衛門尉《まつださえもんのじょう》の所領だった東大友《ひがしおおとも》(小田原市)半分を没収して鶴岡八幡宮《つるがおかはちまんぐう》に寄進している。長く続く戦乱で没落した武士も多く、所領支配も不安定になっていたなかで、そうした行為は在地勢力に対する敵対行為でもあった。少なくとも伊豆・関東の住人や寺社に歓迎される存在ではなかったのではないだろうか。

一四八二(文明《ぶんめい》十四)年、幕府と古河公方成氏とのあいだで長い敵対関係を終結させる和睦《わぼく》(都鄙《とひ》和睦)が成立し、関東の公方とすべく送り込まれた政知には伊豆国の支配のみを認め、関東は古河公方の支配とすることに定まった。そのもとで、伊豆の守護は依然として山内上杉氏だったので、狩野《かのう》氏や伊東《いとう》氏などの有力武将は山内上杉顕定《あきさだ》の軍勢催促に応じて出陣する立場であり、早雲に最後まで抵抗した関戸《せきど》氏は山内上杉氏が守護であった武蔵《むさし》からきた家臣《かしん》とみられ

▼**大森氏**　駿河駿東《すんとう》郡大森(静岡県裾野《すその》市)を拠点とした武士。一四一六(応永《おうえい》二十三)年に起きた禅秀《ぜんしゅう》の乱で逃走した鎌倉公方足利持氏を保護したことから、戦後、西相模の土肥氏・土屋氏の所領をあたえられて、西相模に進出し、小田原辺りも勢力下に入れた。また、駿河・相模国境地帯を掌握した。その後、小田原城を本拠としたがその年次は不明。

る。早雲への在地勢力の強い抵抗は、茶々丸《ちゃちゃまる》のためというばかりでなく、山内上杉氏の守護国とそのもとで認められてきたみずからの所領・地位を外来者の侵攻から守るという側面もあったかと思われる。

さて、一四九一（延徳《えんとく》三）年四月三日、堀越公方足利政知が病死した。政知には三人の男子がいた。武者小路隆光《むしゃのこうじたかみつ》の娘円満院《えんまんいん》とのあいだにできた二人と茶々丸である。前者の二人のうちの兄のほうは一四八七（長享《ちょうきょう》元）年五月に七歳で上洛《じょうらく》して、父と同じ天龍寺香厳院《てんりゅうじきょうげんいん》の僧となり清晃《せいこう》と名乗った。京都では将軍足利義尚《よしひさ》の後継者問題が取り沙汰されており、政知にはその子を将軍にしたいとの願望があって送り込んだとみられる。弟は潤童子《じゅんどうじ》と呼ばれ、政知は同人を自分の後継者にしようと考えていたとされる。円満院との仲が悪かったとされる茶々丸はみずから公方の地位を確保するため、一四九一年七月一日に潤童子とその母を襲撃して殺害した。堀越公方府に衝撃が走ったにちがいない。

それよりさき、一四八九（延徳元）年三月に義尚が病死して後継問題が起きたが、翌年義政の弟義視《よしみ》の子義材《よしき》▲が日野富子《ひのとみこ》の後押しもあって、第十代将軍になった。しかし、管領《かんれい》の細川政元《ほそかわまさもと》▲はこれをきらい、政知の子清晃を推していると

▼**足利義材**　一四六六〜一五二三。第十代将軍。のちに義尹《よしただ》、義稙《よしたね》と改名。父は八代将軍足利義政の弟義視、母は義政の正室日野富子の妹良子。明応の政変により将軍の座を追われて越中《えっちゅう》に逃れ、諸国を転々としたのち、周防《すおう》の大内義興《よしおき》に擁立されて一五〇八（永正五）年に上洛、足利義澄を追って将軍に復職。

▼**細川政元**　一四六六〜一五〇七。管領細川勝元《かつもと》の子。一四八六（文明十八）年管領に就任。明応の政変で元管領の畠山政長《はたけやままさなが》を討ち幕政を主導したが、実子がなく、二人の養子の処遇その他をめぐって家臣と対立、暗殺された。

の噂《うわさ》が早くからあった。政元は、義材と対立するようになった日野富子や伊勢《いせ》貞宗《さだむね》▲らの支持を取りつけて清晃を擁立し、一四九三(明応《めいおう》二)年四月二十二日、義材を将軍の座から追った(明応の政変)。清晃は将軍となるべく還俗《げんぞく》して足利家家督《かとく》となり、義遐《よしとお》(のちに義高《よしたか》、義澄《よしずみ》)と名乗った(将軍就任は翌年十二月)。閏《うるう》四月二十五日、政元軍は出陣中の義材を攻めて降伏させた。この結果、茶々丸は足利家家督で将軍候補の義澄の母と弟を殺害した敵《かたき》となってしまった。

早雲の伊豆打入り

一四九三(明応二)年、早雲は伊豆に侵攻し堀越公方府を襲撃した(伊豆打入り)。甲斐《かい》で記された『勝山記《かつやまき》』に同年のこととして「駿河国ヨリ伊豆へ打入也」とあるのがこれにあたるとみられている(小和田、一九八三)。月日は不明だが、明応の政変が四月に畿内《きない》であったことを受けての侵攻であることはまちがいない。早雲は同年九月に相模《さがみ》・武蔵に出陣しているので、政変後の閏四月から九月の出陣までのあいだと考えられているが、九月の出陣後の可能性もありうる。

早雲も氏親《うじちか》も幕府関係者と密接な結び付きがあったから、茶々丸を討つこと

▼**伊勢貞宗**　伊勢貞親の子(盛時〈早雲〉の従兄弟)、父貞親のあとを受けて政所《まんどころ》執事《しつじ》。細川政元とともに清晃(足利義澄)を擁立し、後見役《こうけんやく》となった。

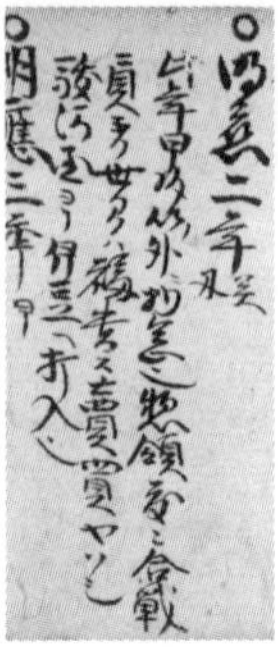

『勝山記』(部分)

は早雲の単独行動ではなく、義澄や幕府関係者の意向を受けたものであるとみる説がある。あるいはそれらから敵討ちを命じられたと推測する研究者もいる。義澄が敵を討ちたいと考えた可能性は高い。もし、そのような私的願望が早雲にひそかに伝えられ早雲が実行したのだとしたら、早雲は刺客の役割を期待されたことになろう。早雲のような地位や経歴をもち、義澄個人との結び付きが浅く弱い人物がそのような立場に身をおくであろうか。また、もし敵討ちが細川政元ら幕府中枢部の意向として命令されたとしたら、駿河守護ではなく、秘密裏に早雲個人に伝えられるであろうか。早雲の伊豆侵攻に今川氏親からの援軍があったとしても、それは駿河守護としての公的な出兵ではないと思われる。

また、かりに茶々丸殺害が義澄や幕府関係者の意向を受けて実行されたのだとしたら、彼らはその後に堀越公方府をどうしようと考えていたのだろうか。主がいなくなり無用の存在になった公方府を廃止すれば、もとに戻り、問題はないと考えていたのだろうか。早雲の処遇はどうするのか。外来者が侵攻すれば、茶々丸一人の殺害では終らず、国内の武将らが抵抗し、戦闘が拡大し、収拾がきわめて困難になるという危険を想定しなかったのだろうか。伊豆守護で、長享の乱▲を引き起こした張本人でもある山内上杉顕定が傍観していると考えたのだろうか。幕府中枢の無能・無責任ぶりを最大限に想定しなければ成り立たないように思われるが、いかがであろうか。

黒田基樹氏が紹介した加越能《かえつのう》文庫本『今川記』に、氏親が盛時に興国寺《こうこくじ》や富士《ふじ》郡の所領をあたえた文に続いて、「新九郎（盛時）京都の人なれハ、堀越殿へも出仕しける間、堀越殿また伊豆国田中《たなか》・桑原《くわはら》の両所を伊勢新九郎に給ハる」との記述がある。盛時が政知のもとに出仕して、田中（伊豆の国市）と桑原（函南《かんなみ》町）をあたえられたという。氏親も政知と親しく音信を交わしていたといわれるから、将軍側近であった盛時も政知と交流があった可能性は高く、子どもの清晃・潤童子に対する思いも知っていたかもしれない。また、盛時は伊豆打入りの前に修《しゅ》善寺《ぜんじ》の温泉にいって伊豆の情勢を探っていたという伝承もある（『北条五代記』）。石脇《いしわき》城にいて伊豆西海岸の武士・地侍《じざむらい》と通好していたこともさきにみた。京都・駿河にあって関東の情勢を把握してきたこともまちがいない。明応の政変により、茶々丸の立場は悪化し非常に不安定になった。義澄が個人的に敵討ちを願望していることは十分推定される。早雲が個人的にそれを忖度《そんたく》して、自分

▼**長享の乱**　一四八七（長享元）年に始まった山内上杉氏と扇谷上杉氏の抗争。扇谷上杉定正の家宰《かさい》太田道灌《おおたどうかん》が前年に定正に暗殺され扇谷方が動揺したことが背景にある。途中、一時的な和睦があったが、山内上杉顕定は実家の越後《えちご》上杉氏の援助を、扇谷上杉氏は早雲の支援を受けるなどして、戦いは一五〇五（永正二）年三月の扇谷上杉朝良降伏まで続いた。

が茶々丸を討っても義澄や幕府からとがめを受けることにはならないと踏んだ可能性はある。敵討ちは名目になりうる。しかし、早雲自身が敵討ちを目的に伊豆に侵攻したとは、筆者は考えない。幕府方から命令があったとも考えにくい。石脇城で伊豆の情報を集め、人脈を築いていたのは、伊豆への野心があったからにちがいない。

『北条五代記』は茶々丸が佞人《ねいじん》の讒《ざん》により家老《かろう》の戸山豊前守《とやまぶぜんのかみ》・秋山蔵人《あきやまくろうど》を切腹させたことで伊豆の人びとに動揺が走ったのを聞きつけた早雲が、興国寺から軍勢を率いて夜中に黄瀬川《きせがわ》を越え、北条に乱入したと記す。そして茶々丸は切腹し、三〇日のうちに一国を平定したとするが、実は茶々丸が自害したのは一四九八(明応七)年のことで(『王代記《おうだいき》』▲)、五年の歳月を要したことが近年の研究で明らかになった(家永、一九九四)。茶々丸は堀越を脱出して一四九五(明応四)年に伊豆諸島に逃れ、翌年には武蔵滞在ののちに甲斐の吉田に移り、富士に参詣したという(『勝山記』)。戦勝祈願のためであろう。伊豆と武蔵は山内上杉氏が守護で、伊豆諸島も同氏の直轄領であった。同氏と甲斐武田《たけだ》氏は連携関係にあり、茶々丸は彼らの庇護を受けたのであろう。

▼**『王代記』** 山梨市の大井俣窪《おおいまたくぼ》八幡《はちまん》神社の別当《べっとう》普賢寺《ふげんじ》に伝えられた年代記。歴代天皇の在位年数など天皇関係の記述のほか、甲斐を中心に事件なども記して江戸時代初期にいたるが、一五七三(天正《てんしょう》元)年の武田信玄《しんげん》死去後の記述は少ない。

早雲が小鹿範満《おしかのりみつ》を討った一四八七(長享元)年には、それまで連携してきた山内上杉氏と扇谷上杉氏が戦う長享の乱が起き、その後一時的な和睦はあったものの、一五〇五(永正《えいしょう》二)年三月の扇谷上杉朝良《ともよし》の降伏まで続いた。『鎌倉九代《くだい》後記《こうき》』▲にはある説として、伊豆は山内上杉顕定▲の領国《りょうごく》なので早雲は駿河にいて扇谷上杉定正《さだまさ》▲と通謀し伊豆国をとったと記している。一五〇四(永正元)年までの早雲の行動は、山内上杉氏と戦い、扇谷上杉氏と連携する方針でほぼ一貫しているから、その可能性は高い。早雲は両上杉氏の対立を利用して力を伸ばしたのである。

『北条五代記』に早雲の夢の話が載る。ある夜、早雲は「大杉二本有けるを、鼠一つ来て食おる(折)」という夢をみたという。早雲はこの霊夢を「我子《われね》の年なり、両上杉氏を伐たをす(倒)べき天のつげ(告)としられたり」と解釈し、上杉氏を滅ぼすために、初めは相州《そうしゅう》の扇谷上杉定正とくんで山内上杉氏の分国伊豆をとり、次に山内上杉顕定とくんで扇谷方の小田原《おだわら》城を乗っとったとしている。霊夢は作り話かもしれないが、当時は天のお告げとして見た夢を語ることで、その人の行為を人びとに納得させる力が夢にはあった。早雲は願望を語ったのであろう。

▼**『鎌倉九代後記』**　鎌倉公方四代と古河公方五代の事績を中心に、室町・戦国期の関東の政治・軍事情勢を叙述した歴史書。作者不詳。

▼**山内上杉顕定**　一四五四〜一五一〇。越後守護上杉房定《ふささだ》次男。関東管領上杉房顕《ふさあき》の養子となり関東管領、上野・武蔵・伊豆守護。享徳の乱・長尾景春《かげはる》の乱で上杉方を指揮。一四八七年扇谷上杉方を攻めて長享の乱を起こし、一五〇五年河越《かわごえ》城を攻めて上杉朝良を屈服させる。一五〇七(永正四)年実弟の越後守護上杉房能《ふさよし》が長尾為景《ためかげ》に討たれると、〇九(同六)年敵討ちのため越後に出陣するも、翌年敗走途中で討死した。

それはともかく、両上杉氏の対立を利用し、定正に通じて伊豆国を平定したと当時の人も認識していて、それ自体は確かなように思われる。なお、「我子の年なり」から、子《ね》年生まれとみて誕生年が推定されている。

『北条五代記』では、早雲が堀越御所《ごしょ》を襲撃して茶々丸を追ったあと、三津《みと》の松下三郎《まつしたさぶろう》左衛門尉・江梨《えなし》の鈴木兵庫助《すずきひょうごのすけ》・大見《おおみ》の三人衆が急ぎ馳せ来たって臣従《しんじゅう》し、その後茶々丸が自害すると威勢に恐れて土肥《とい》の富永《とみなが》三郎左衛門尉・田子《たご》の山本《やまもと》太郎《たろう》左衛門尉・雲見《くもみ》の高橋将監《たかはししょうげん》・妻良《めら》の村田市之助《むらたいちのすけ》などがやってきて臣従したと記す。前者と後者のあいだにいくらかの時間差があったようだ。前者の松下氏・鈴木氏は韮山《にらやま》の西方、西海岸北部の港の住人、後者の人びとは西海岸の中部から南端にかけての港の住人で、早雲の勢力がおよぶ時間差を示しているのであろう。そのなかでも富永氏の臣従・協力は早雲に大きな利益をもたらしたようで、早雲は同人を厚遇した。総じて西海岸の地侍・武士が早期に臣従したことが特筆されるが、前述のごとく、石脇在城時からの早雲との通好、彼ら自身の交易による駿河との密接な結び付き、彼ら同士での情報ネットワークなどが影響したにちがいない。

▼**扇谷上杉定正**　一四四六〜九四。相模守護。山内上杉顕定とともに享徳の乱・長尾景春の乱を戦う。家宰の太田道灌の活躍で勢力を伸ばし、相模国糟屋《かすや》(神奈川県伊勢原《いせはら》市)のほか、江戸城・河越城に拠点を築く。一四八六(文明十八)年に道灌を糟屋の館で謀殺。一四八七年に顕定とのあいだで長享の乱が起こり、九四(明応三)年、早雲の支援をえて顕定の陣に迫るも落馬して急死した。

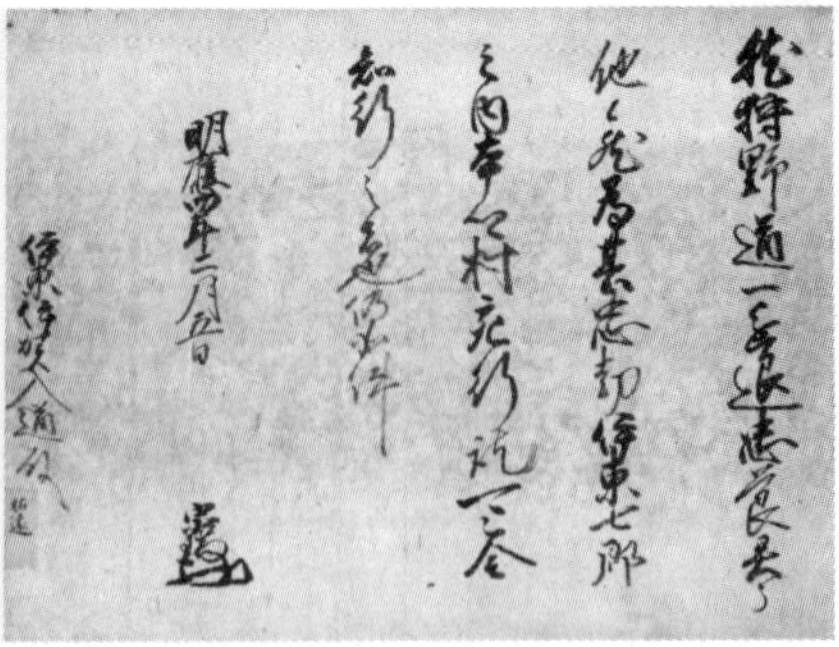

北条早雲判物　伊東祐遠に伊東七郷のうち本郷村をあたえた文書。

狩野道一と関戸吉信を倒す

茶々丸の敗走により、堀越・韮山以北は早期に制圧したとみられる。根本被《こんぽんひ》官大道寺《かんだいどうじ》氏の所領を『小田原衆所領役帳《やくちょう》』(以下『役帳』と記す)でみると、伊豆四カ所の所領の所在地は現在の三島市から伊東《いとう》市、伊豆市(旧天城湯ヶ島《あまぎゆがしま》町)、下《しも》田《だ》市と、北から南へと配列されていて、制圧過程を反映しているとみられる。早雲が伊豆中部へ侵攻しようとした時に頑強に抵抗したのが狩野郷の地域を本拠としてきた狩野道一《どういつ》であった。東海岸の伊東氏や宇佐美《うさみ》氏もともに敵対したとみられるが、宇佐美氏は敗死・滅亡した可能性が高く、伊東氏は伊賀入道《いがにゅうどう》(祐遠《すけとお》)が一四九五(明応四)年二月五日以前には臣従し、道一に降伏を働きかけるなどの忠節があって、伊東七郷のうちの本郷《ほんごう》村を恩賞《おんしょう》としてあたえられている。祐遠ゆかりの伊東七郷のうちの一郷のみあたえて、ほかは直轄領や他の家臣の恩賞地とすべく早雲が掌握したとみられる。

しかし、道一は降伏しなかった。拠点の狩野城は柿木《かきぎ》(伊豆市)にあり、一四九六(明応五)年十二月二十七日時点で落城にいたっておらず、雲見の高橋氏が早雲に臣従して柿木での忠節を申し出、恩賞を約束されている。翌一四九七

(明応六)年四月には早雲の前進拠点の柏窪《かしわくぼ》城(伊豆市柏久保《かしわくぼ》)が道一らの敵軍に攻められ苦戦した時に、大見郷(伊豆市)の大見三人衆が後詰をしたおかげで敵を撃ち破って勝利した。その功績を大とした早雲は陣夫《じんぷ》などを免除し、伊豆の中部・南部を手に入れたら所領をあたえると約束している。そして、その後の正月、早雲は年貢半分を早雲におさめる条件で大見郷を恩賞としてあたえた。大見三人衆の佐藤藤左衛門尉・梅原六郎右衛門尉・佐藤七郎左衛門尉は村の有力者で、そのなかには山内上杉氏のもとで武士への道を進みはじめた者がいたようだが、修善寺付近から伊東方面にいたる道の途中に、連携して大見城を構え、早雲の家臣になる道を選んだ。一四九七年七月には敵が伊東に向かっているとの情報を早雲に報じて賞されている。同年十二月には長年の籠城をたたえられ早雲弟の伊勢弥次郎《やじろう》▲と大道寺盛昌《もりまさ》から指示を受けている。そしてついに道一は一四九八(明応七)年正月に自刃したと伝えられる。これでようやく伊豆中部最大の敵を倒したことになる。残る強大な敵は南東部の深根《ふかね》城(下田市)による関戸播磨守吉信《はりまのかみよしのぶ》である。

深根城は伊豆の守護山内上杉氏の直轄領のうちにあり、関戸氏はその直轄領

▼**伊勢弥次郎**　生没年不詳。早雲の弟。一四九一(延徳三)年、将軍足利義材の申次をつとめる。その後早雲のもとで伊豆・相模の平定戦に参陣。一四九六(明応五)年七月、山内上杉方との戦いで大敗し兵士多数を失う(『勝山記』)。狩野道一と戦う中伊豆の大見三人衆を大道寺盛昌とともに指揮したが、一四九七(明応六)年十二月以後の消息不明。

の代官《だいかん》だったとみられる。稲生沢川《いのうざわがわ》を挟んで城の対岸には一四三二(永享三)年に関戸播磨守宗尚《むねひさ》が建立《こんりゅう》したという龍巣院《りゅうそういん》があるので、早い時期に入部し勢力をつちかってきたのであろう。

深根城の攻略については『北条五代記』に興味深い記述がある。それに注目した家永遵嗣氏は、攻略が一四九八年八月二十五日に東海沖を震源として起こった明応七年の大地震・大津波の直後になされたと説いた。同書には興国寺城《こうこくじ》から黄瀬川を越えて北条へ打ち入ったとする説を述べたあとで、ある老士の伝える異説を紹介している。

早雲と五〇〇人の兵が清水浦《しみずうら》から大船一〇艘に乗って出発し、伊豆の松崎《まつざき》・仁科《にしな》・田子・安良里《あらり》の港に上陸した。これをみた村人は大騒ぎで山・谷に逃げたが、家々には「風病」にかかって動けない病人が五人、三人ずつ残っていて全部で一〇〇〇人にもおよばんとするようすだった。そこで早雲は医師に命じて良薬をあたえ、兵士に看病させたので、全員が回復した。それを知って、逃げた人や周辺各地の人がやってきて早雲に帰順した。この措置のために七日ばかり滞留したのち、関戸吉信攻撃に向かったところ、各地から侍どもが味方に馳せ参じて二〇〇〇余騎の軍勢になり、一気に攻略した。吉信父子五人を討ち、敗走兵を追討し、籠城者は女・童《わらわ》・法師《ほうし》にいたるまで殺害して、城のまわりに一〇〇〇余の首をかけおいたので、国中の諸侍が降伏し、伊豆一国が早雲の国となった。以上が『北条五代記』の記事の概略である。

茶々丸は一四九八年八月に自害したという。それは関戸吉信の敗死に連動するとみられるから、深根城の落城も同じ八月のことであろう。家永氏はここにみえる大勢の病人を大地震・大津波▲の被災者とみた。大地震・大津波は二十五日で、二十八～二十九日には強い台風がきているので、早雲の清水出帆は二十六日頃と推定している。

この明応七年地震は静岡県の南方海中の南海トラフで起きたマグニチュード推定八・二～八・四の巨大なもので、房総《ぼうそう》半島から紀伊《きい》半島にいたる太平洋岸一帯に大津波が押しよせた。伊豆西海岸では波高四、五メートルかそれ以上の津波が押しよせたところが多かったとみられていて、多くの人命・家屋と田畠が失われた。先記の小川法栄《こがわほうえい》と関わりのあった小川港も壊滅状態になったと伝える。そんな惨状のなかで軍事行動が起こせるのかという疑問が生じるが、清水

▼**大津波**　早雲にいち早く従った江梨の鈴木氏も大きな被害を受けたことが、鈴木氏開基《かいき》の寺、臨《りん》済宗《ざいしゅう》航浦院《こうほいん》の「航浦院縁起《えんぎ》」から知られる。同氏の子孫が伝承をもとに一六五七(明暦《めいれき》三)年に記したものだが、鈴木氏の娘が津波に引かれて門外の二本の榎《えのき》のあいだに挟まれて両眼が飛び出してしまった、そこで万行山峰の薬師如来《やくしにょらい》に七日間祈ったところ平癒《へいゆ》したという。鈴木氏の屋敷は標高九メートルほどのところにあったとみられていて、津波の高さが推定される。『沼津市史』通史編原始・古代・中世参照。

港は前面に三保《みほ》半島があるため、被害はそれほど大きくなく、舟をこぎだすことは可能だったと考えられている。大地震・大津波直後の軍事行動で、関戸吉信の打倒と茶々丸の自害が実現したとする家永氏や金子浩之氏の説に従っておきたい。南部に最後に残った大敵を攻めあぐんでいた早雲は、未曽有の災害をチャンスに変えて一国の平定にこぎつけたことになる。ここに早雲は山内上杉氏の支配を排除して、伊豆国主《こくしゅ》の地位を獲得した。

『北条五代記』をはじめ軍記物類は早雲の慈悲・仁政《じんせい》をたたえるエピソードを散りばめている。自然災害や戦災による窮状に対してなんらかの救済措置をとることは治者として当然の行いであり、早雲もそうした対応をとったであろう。それと、上杉氏や堀越公方が支配してきた体制を早雲がひっくり返し、新しい時代を切り開き、新しい支配を開始したというイメージが、外来者ゆえに強く印象づけられて結びついたのかもしれない。しかし、他方で、籠城者の皆殺しをするような面も早雲にあったことはまちがいないだろう。

③ 獅子奮迅の活動

小田原城の奪取

早雲が大森《おおもり》氏の小田原《おだわら》城を奪ったのはいつか、早雲生涯の最大の謎といって過言でない。

従来、『鎌倉九代後記《かまくらくだいこうき》』は一四九四（明応《めいおう》三）年、『喜連川判鑑《きつれがわはんかがみ》』▲は九五（同四）年二月、『鎌倉大日記』▲は九五年九月としていた。ところが、山内上杉顕定《やまのうちうえすぎあきさだ》が越後《えちご》の守護代長尾能景《しゅごだいながおよしかげ》（上杉謙信《けんしん》の祖父）に七月二十四日付で送った書状に、顕定と敵対する扇谷《おおぎがやつ》上杉方として大森式部少輔《しきぶのしょう》と早雲の弟伊勢弥次郎《いせやじろう》が見えること、その年次が一四九六（明応五）年と推定されることから、前年の九五年に早雲が小田原城を奪っていると考えることはできないとの説が出された。そして、小田原城奪取の時期はその書状以後で、下限は一五〇一（文亀《ぶんき》元）年三月二十八日もしくは〇四（永正《えいしょう》元）年九月二十五日とする。これを基本に検討がされている。

これに対し、『鎌倉大日記』の一四九五年九月を妥当とする説が最近出された。片桐昭彦氏が、まず、同書の明応四年条の地震記事に注目した。

▼**『喜連川判鑑』**　豊臣秀吉の命により、古河公方の一族で下総小弓にいた足利国朝《くにとも》が古河公方の名跡を継ぎ、下野喜連川（栃木県さくら市）に領地をあたえられ、喜連川氏を称した。足利尊氏《たかうじ》・義《よし》詮《あきら》、鎌倉公方・古河公方、喜連川氏の系図に各人の花押《かおう》と事績・出来事などを記している。

▼**『鎌倉大日記』**　鎌倉時代から戦国時代にかけての武家を中心とした年代記。写本によって収載期間の短いものもある。関白・将軍・執権、管領・関東公方・関東管領などの補任年次、官位などや年々の出来事を記す。

八月十五日、大地震洪水、鎌倉由比浜《ゆいがはま》海水到千度檀《せんどだん》、水勢入大仏殿《だいぶつでん》破堂舎屋、溺死人二百余、

九月、伊勢早雲攻落小田原城大森入道《にゅうどう》、

近年地震の研究が進んだが、この記録にある一四九五年八月十五日の大地震は、この三年後の九八(明応七)年八月に起きた大地震の誤記だとする見方が研究者の大勢になっていた。これに対し、片桐氏は『鎌倉大日記』の写本類の比較検討から、この記事は誤記ではなく、地震は実際にあったとする説を発表した。関連する史料に、金子浩之氏が紹介した『後法興院記《ごほうこういんき》』▲『熊野年代記《くまのねんだいき》』▲があり、一四九五年八月十五日午後六時頃起きたことはまちがいない。相模《さがみ》トラフで起きたとみられ、鎌倉で鶴岡八幡宮《つるがおかはちまんぐう》にいたる千度檀(千度小路《こうじ》)や大仏の辺りまで津波が押しよせ、死者二〇〇人余を出したというから、相模湾岸一帯に津波が押しよせたとみられる。

これよりさき、金子浩之氏は静岡県伊東《いとう》市の宇佐美《うさみ》遺跡で十五世紀代の遺物をともなう津波堆積物層を検出し、一四九五年の津波によるものと指摘していた。相模湾に面した伊豆半島東海岸であり、一四九八年に伊豆半島西海岸を襲

▼**『後法興院記』** 関白近衛政家《このえまさいえ》(一四四四〜一五〇五)の日記。一四六六(文正《ぶんしょう》元)年から死去直前まで記されている。

▼**『熊野年代記』** 「熊野年代記古写」「歳代記第壱」「年代記第二」の三冊からなる。神武《じんむ》天皇から始まり、一八九一(明治二十四)年までの出来事が熊野地方を中心に各地におよんで記されている。熊野三山協議会・みくまの総合資料館研究委員会刊、一九八九年。

った大津波に匹敵するような被害を相模湾岸にもたらしたことを推測している。当然小田原にも大津波が押しよせ、城下の家々を破壊し、死者を出したことであろう。

片桐氏は、この地震・津波の記事とともに、九月の早雲による小田原城攻略も確かなことと指摘している。そのように考えるのがよいであろう。八月に甲斐《かい》に出陣していた早雲は、小田原の惨状と混乱などの情報をえて攻撃に踏み切ったのであろうか。そうであれば、早雲は大地震・大津波という不幸を二度とも勢力拡大と大きな飛躍のチャンスに変えたといえるかもしれない。

疑問がないわけではない。当時はまだ狩野道一《かのうどういっ》らが激しく抵抗を続けていたし、その背後にも敵対勢力が多くいた。そのような不安定な状況で小田原侵攻を考えるのかという点である。ただ、これについては後述の他国への活発な出兵からみると、ありうるといってよいように思う。もう一つは前述の山内上杉顕定書状と矛盾するのではないかという点である。今後、年次比定や扇谷上杉氏方の武将たちの配置などにも検討を加えて、矛盾のない解釈を試みたい。

八面六臂の活躍

一四九三(明応二)年九月、早雲は扇谷上杉定正《さだまさ》支援のため相模に出陣し、山内上杉方の要害をいくつか攻略して武蔵《むさし》まで攻め入り、同月末に帰国したという(『鎌倉大日記』)。茶々丸《ちゃちゃまる》襲撃の前と後のどちらにしても、襲撃が定正と示しあわせて行われたことを推測させる。翌年、早雲は甥の今川氏親《いまがわうじちか》の要請に応えて、八月に遠江《とおとうみ》東部に出陣、佐野《さや》郡などで軍事行動を展開して高藤《たかふじ》城(掛川《かけがわ》市)を落とした(『円通松堂禅師語録《えんつうしょうどうぜんじごろく》』▲)。一方、武蔵では定正が松山《まつやま》城(埼玉県吉見《よしみ》町)などの普請《ふしん》を進め、山内上杉方への攻勢を強めて、八月に関戸《せきど》要害(多摩《たま》市)を、九月に玉縄《たまなわ》要害(鎌倉市)を攻略した(『石川忠総留書《いしかわただふさとめがき》』▲)。早雲は九月に定正支援のために出陣し、三浦道寸《みうらどうすん》の新井《あらい》要害(三浦市)を落として、二十八日には久米川《くめがわ》(東村山《ひがしむらやま》市)に着陣し、はじめて定正と会談した。十月二日に両軍は塚田《つかだ》(埼玉県寄居《よりい》町)まで進み、荒川《あらかわ》を挟んで上杉顕定軍と対陣した。翌三日、両軍が荒川を渡ろうとしたところ、定正が落馬して亡くなってしまった(『松陰私語《しょういんしご》』。五日死去とも)。このため両軍は敗走する。定正の跡は養子の朝良《ともよし》が継いだ。早雲はしばらく高坂《たかさか》(東松山市)に在陣して、高倉山《たかくらやま》(入間《いるま》市)に出陣してきた顕

▼**『円通松堂禅師語録』**　遠江国佐野郡原田荘(静岡県掛川市)にあった曹洞宗円通院の住持《じゅうじ》松堂高盛《こうせい》の著作。同人は足利学校に学んでいる。

▼**『石川忠総留書』**　近江国《おうみのくに》膳所《ぜぜ》藩主石川忠総(一五八二〜一六五〇)による一四九四〜一六三一(明応三〜寛永《かんえい》八)年の記録。乾坤二冊。戦国時代の関東の政治・軍事情勢のほか、徳川家康《とくがわいえやす》、織豊政権や江戸時代初期の動静を記す。

上杉氏略系図

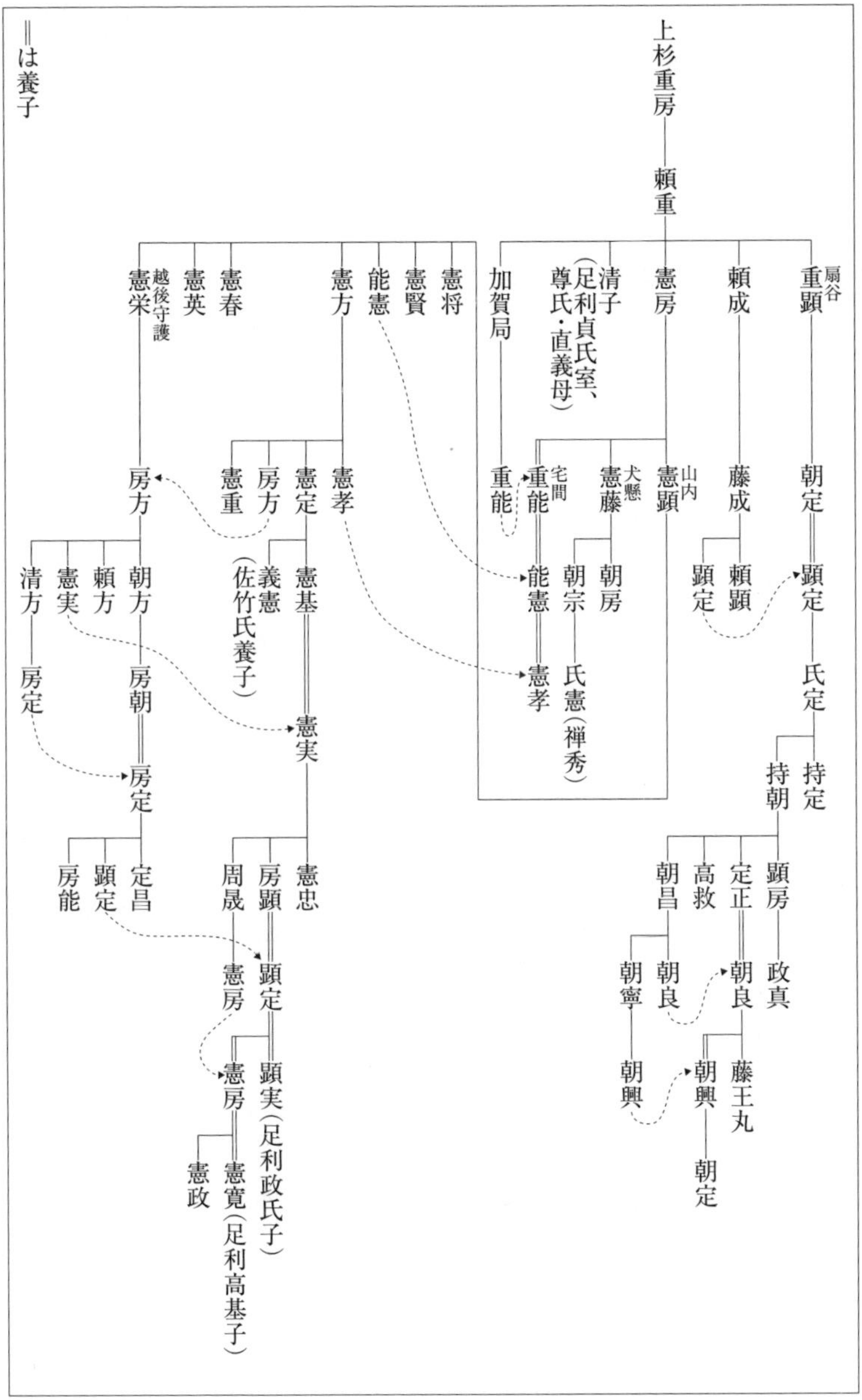

上杉重房
頼重
扇谷
重顕
朝定
顕定
氏定
持定
持朝
顕房
政真
定正
朝良
藤王丸
朝興
朝定
高救
朝昌
朝良
朝寧
朝興
頼成
藤成
頼顕
顕定
憲房
山内
憲顕
犬懸
憲藤
朝房
朝宗
氏憲（禅秀）
宅間
重能
能憲
憲孝
清子
（足利貞氏室、尊氏・直義母）
加賀局
重能
憲将
憲賢
能憲
憲方
憲孝
憲定
憲基
義憲
（佐竹氏養子）
憲実
憲忠
房顕
顕定
顕実（足利政氏子）
憲房
憲寛（足利高基子）
憲政
周晟
憲房
房方
憲重
憲春
憲英
越後守護
憲栄
房方
朝方
房朝
房定
定昌
顕定
房能
頼方
憲実
清方
房定
＝は養子

定・古河公方足利政氏《こがくぼうあしかがまさうじ》軍と対陣したが、その後は岩付城《いわつき》(さいたま市)を攻めるなどして帰国した。

一四九五(明応四)年は早々に伊東祐遠《すけとお》が早雲に臣従し、茶々丸が伊豆諸島に逃走した年であるが、八月に早雲が伊豆から甲斐に攻め込んだという(『勝山記《かつやまき》』)。出陣は山内上杉顕定と連携している武田信縄《たけだのぶつな》に圧力をかけるためであろうが、早くに和議《わぎ》が成立して撤退した。その後に小田原城を攻略したことになる。

前述の、翌一四九六年に比定されている七月二十四日付の上杉顕定書状によると、相模で顕定方と扇谷上杉方の長尾景春《かげはる》軍とのあいだで激戦があり、扇谷方の早雲弟弥次郎が敗北し、多くの戦死者が出た。そのため大森式部少輔・上杉朝昌《ともまさ》(定正弟、朝良父)・三浦道寸・太田資康《おおたすけやす》・上田名字中《うえだみょうじちゅう》と弥次郎の要害が自落して西郡が一変したという。この勝利後、顕定方は東郡に向かい、相模守護代上田正忠《まさただ》の実田《さなだ》(真田)要害(平塚市《ひらつか》)攻撃に転じたという。ここに名前がみえる人びとがこの時点での扇谷方である。自落した要害を小田原城とする説があるが、中郡から西郡にかけての複数の要害の可能性もある。

その後は一五〇〇(明応九)年まで伊豆国外への軍事行動は確認されていない。一四九七(明応六)年四月の柏窪《かしわくぼ》城の合戦、翌年八月の関戸吉信《よしのぶ》攻め、茶々丸自害を挟んで、伊豆国平定と領国《りょうごく》支配の施策に集中した時期とみられる。

一方、今川氏親は遠江への本格的な侵攻の機会をねらっていた。これに対し、一五〇一(文亀元)年、守護斯波《しば》義寛《よしひろ》は信濃《しなの》の小笠原《おがさわら》定基《さだもと》に盛んに働きかけ、出陣を要請した。また、氏親・早雲を牽制するため上杉顕定方にも働きかけて、伊豆の奪還をうながし、駿河《するが》への出兵を要請したところ、顕定もこれに応じた。これに対し、七月に早雲は今川家臣の朝比奈《あさひな》泰熙《やすひろ》らとともに遠江に出陣して、敷知《ふち》郡村櫛《むらくし》(浜松《はままつ》市)に堀江《ほりえ》下野守《しもつけのかみ》を攻めた。この時の今川軍の軍事行動は大規模で、これにより北遠江を除いて遠江のほぼ全域を制圧したとされる(『静岡県史』通史編)。

これよりさきの閏《うるう》六月二日、早雲は甲斐への軍事行動を起こすために、信濃の諏訪《すわ》頼満《よりみつ》に働きかけを行った。そして、九月十八日に甲斐に攻め込んだが、大敗して十月三日夜に敗走した(『勝山記』)。翌年には相模で顕定と戦ったという(『鎌倉九代後記』)。

宗長木像(部分)

▼宗長　一四四八〜一五三二。連歌師。駿河国島田の出身で、飯《いい》尾宗祇《おそうぎ》に師事。今川氏との関係が深く、駿府西方の柴屋軒《さいおくけん》を拠点にしたが、京都・関東・北国など各地を旅して『宗長手記』『東路《あずまじ》のつと』などを残す。

一五〇四(永正《えいしょう》元)年八月一日、早雲は遠江尾奈《おな》郷(浜松市)に年貢《ねんぐ》・諸公事《くじ》をこれまでどおり納入するよう命じているので、これ以前から遠江に出兵していたと推定される。一方、顕定は八月に扇谷上杉朝良攻撃のために出陣し、河越《かわごえ》城を攻めたのち、江戸《えど》城に向かい、九月六日には白子《しらこ》(和光《わこう》市)に陣を移した。これに対し、朝良は早雲に支援を要請した。早雲はただちに出陣して、九月六日に江の島に禁制《きんぜい》を発給し、十五日に多摩川を見おろす枡形山《ますがた》(川崎《かわさき》市)に布陣した。氏親軍も朝比奈泰凞・福島助春《くしますけはる》らが加わって、二十〜二十二日にかけて到着した。顕定は二十五日に甲斐にいる大森顕隆《あきたか》に書状を送り、武田信虎《のぶとら》の出陣を要請したが、両上杉軍は二十七日に立河原《たちかわら》(立川《たちかわ》市)で合戦《かっせん》となり、顕定軍は大敗して鉢形《はちがた》城に撤退した。帰路についた氏親は十月四日に鎌倉に入って逗留したのち、熱海《あたみ》で湯治し、韮山《にらやま》に滞在、三島社《みしましゃ》に詣でて、発句のみ自身が、ほかは宗長《そうちょう》▲がよんだ連歌千句《れんがせんく》を奉納し帰国した。

ところが、顕定は実弟で越後守護の上杉房能《ふさよし》に援軍を要請、守護代長尾能景が着陣すると反撃に転じ、十二月に扇谷方の武蔵の椚田《くぬぎだ》要害(八王子《はちおうじ》市)、相模の実田要害を攻略した(『石川忠総留書』)。ついで顕定は越後勢とともに翌年正月朝良を河越城に攻囲して三月に降伏させた。これにより一四八七（長享《ちょうきょう》元）年に起きた長享の乱がようやく終結し、このあとは両上杉氏が連携して早雲の勢力伸長に対抗することになり、早雲を取り巻く環境が大きく変化する。

一五〇六（永正三）年、今川氏親が三河《みかわ》侵攻を開始すると、早雲も出陣し、吉《き》良《ら》氏家臣《かしん》巨海《おおみ》越中守《えっちゅうのかみ》の支援を受けた。一五〇八（永正五）年にも三河に出陣したが、小勢のため苦戦し、結局敗退した（『実隆公記《さねたかこうき》』）。なお氏親は、明応の政変で失脚したが義澄《よしずみ》を追ってふたたび将軍となった義稙《よしたね》（義材《よしき》）にこれ以前から接近していて、同人からこの年待望の遠江守護に任じられている。ところが、これに反発した斯波義達《よしたつ》が一五一〇（永正七）年から反撃を開始し、遠江各地で今川軍との戦いが展開される。氏親による再度の遠江制圧は一五一七（永正十四）年のことである（『静岡県史』通史編）。

相模侵攻の挫折から平定へ

一五〇七（永正四）年八月、越後守護代長尾為景《ためかげ》が守護上杉房能に敵対してこれを討った。房能の実兄である山内上杉顕定は養子の憲房《のりふさ》とともに弟の敵為景を討つため、一五〇九(永正六)年七月に越後に出陣したが、翌年六月二十日敗走の途中で命を落とした。この間、為景に呼応して長尾景春が蜂起し、早雲も相模に出兵して扇谷上杉氏をおびやかした。一五一〇(永正七)年五月頃、早雲は武蔵に出陣して椚田城を攻めて自落させ、景春や吉里《よしざと》氏らは津久井《つくい》山(相模《さがみ》原《はら》市)によった。早雲はさらに相模中《なか》郡で高麗寺《こうらいじ》(大磯《おおいそ》町)・住吉《すみよし》(平塚市)の古要害を取り立てて侵攻の拠点とした。また扇谷上杉氏の重臣上田政盛《まさもり》を寝返らせて武蔵権現山《ごんげんやま》城(横浜市)に蜂起させた。

これに対し上杉朝良自身が攻撃に向かい、越後から逃げ帰った山内上杉憲房は援軍として忍《おし》城主成田《なりた》下総守《しもうさのかみ》顕泰《あきやす》・岩付城主渋江孫太郎《しぶえまごたろう》をはじめ藤田虎寿《ふじたとらじゅ》丸《まる》(業繁《なりしげ》)・長尾顕方《あきかた》代官矢野安芸《やのあき》入道憲信《のりのぶ》・大石源左衛門《おおいしげんざえもん》道俊《どうしゅん》と同名三人・長尾景長《かげなが》代官成田中務丞《なかつかさのじょう》・武州南一揆《ぶしゅうみなみいっき》を派遣した。この時点で山内上杉氏が動員できる武蔵の武将たちを知ることができる。

大軍となった朝良勢は七月十一日から権現山城を攻め立てた。このため十九日夜半になって上田政盛ら籠城兵が逃走し落城した。これにともない周辺の早雲方の要害が自落した。朝良軍はさらに相模に進み、三浦道寸・義意《よしおき》父子が住

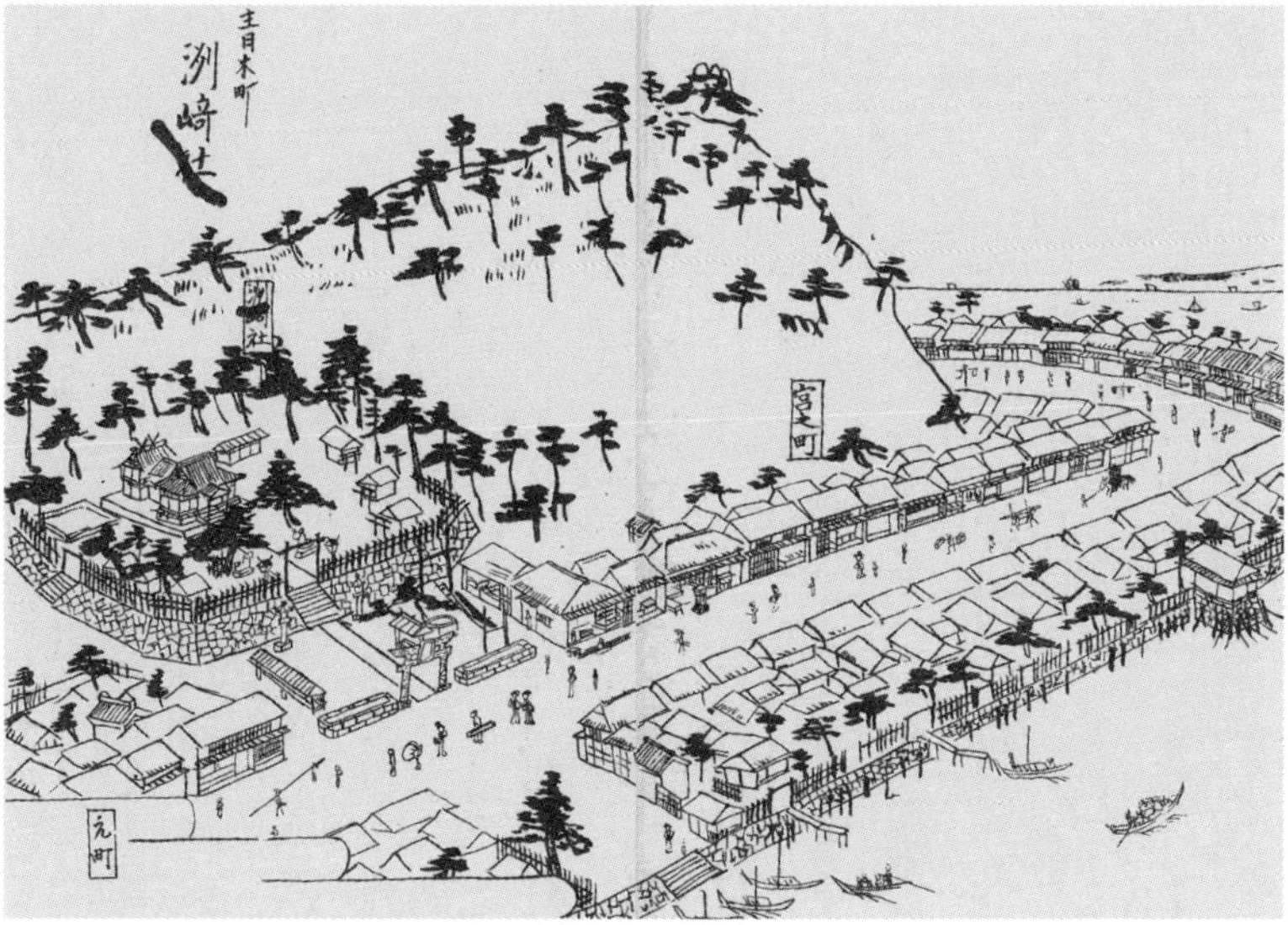

権現山城跡（『神奈川砂子』より）

早雲の頃の勢力図

吉要害を、朝良と道寸が津久井山を攻略したという(「三浦系図伝」)。朝良は十月には相模西郡まで進んで小田原城際に迫ったが、長陣による人馬の疲労のため帰陣した。しかし、朝良と道寸はたたみかけるように十二月にまたも西郡に攻め入り、鴨沢《かもさわ》要害(中井町《なかい》)を攻めた。城際で激戦があったようだが、早雲方が守りぬいた。三浦氏家臣の武和泉守《たけいずみのかみ》が戦死し、子どもの武源五郎《げんごろう》に対して感状が出されている。

一五〇九年の山内上杉顕定の越後出陣を好機として早雲は翌年にかけて相模・武蔵で攻勢をかけ、両上杉氏の支配地で要害を奪い、古要害を取り立てて侵攻の拠点を築いた。これに対し、朝良を中心に両上杉方の勢力が結集して反撃に出ると、七月の権現山城の落城を皮切りに、早雲方の要害はつぎつぎと落とされ、相模では西郡だけを死守した形となった。追い込まれた早雲は、翌一五一一(永正八)年十一月以前に朝良と和睦《わぼく》した。今川氏親から遠江出陣を求められていたことも理由の一つであった。攻勢に出ていた上杉方が和議に応じた背景に、古河公方家の政氏、その子高基《たかもと》、その弟空然《くうねん》(のちに還俗《げんぞく》して義明《よしあき》)が三つ巴の争いを展開しているのに加えて、山内上杉家の家督をめぐって養子の憲

▼**『快元僧都記』**　鎌倉鶴岡八幡宮相承院《そうじょういん》の供僧《ぐそう》快元の記録。一五三二（天文《てんぶん》元）年に開始された北条氏綱《うじつな》による同宮再建工事の過程を詳細に記録。軍事情報も記す。

房と顕実が争っていて、政氏・顕実対高基・憲房という対抗関係ができていた。その後の抗争のなかで後者が勝利すると、朝良は一貫して政氏を支持してきたため憲房との連携はむずかしくなった。

　これを好機とみた早雲は一五一二（永正九）年八月、三浦道寸の相模中郡における拠点の岡崎《おかざき》城（平塚市・伊勢原《いせはら》市）を攻めた。同城には武左京亮《さきょうのすけ》・佐保田《さほた》豊後守《ぶんごのかみ》らが籠城して防戦につとめたが、十二日の岡崎台の合戦で早雲方が勝利し、翌十三日落城させた。住吉要害（逗子《ずし》市）へ敗走する城兵を追撃して、早雲は同日鎌倉に入った。『快元僧都記《かいげんそうずき》』▲によれば、早雲は、

　枯るる樹にまた花の木を植え添えて本の都《みやこ》に成してこそ見め

とよんだという。当時の鎌倉は〝武士の都〟の地位を失い衰退していたので、その復興を期した歌と思われ、その後実際に鎌倉の支配に力を入れるが、北条氏が本拠を構えることはなかった（ただし、隣接する地に玉縄城を整備し、支城とした）。小田原は要害を構えるに適しており、東海道《とうかいどう》を押さえ、広い城下町《じょうかまち》をつくることができる開かれた場であったから、戦国時代の大名権力の所在地にふさわしい場であった。鎌倉時代・室町時代の権力の所在地からの転換が明確に

▼**奏者**　申次《もうしつぎ》ともいい、取次ぎをする者。家臣や訪問者は奏者の取次ぎをへて、訴願の上申、面会、贈与などができた。大名家でも特定の複数人が奏者をつとめた。

示されることになった。

この時の岡崎台の合戦で忠節があった伊東氏に対し、早雲と氏綱《うじつな》が連署《れんしょ》で感状を出している。氏綱が署判して発給した文書の初見である。同年十二月六日に武蔵本目《ほんもく》四カ村（横浜市本牧《ほんもく》町）への制札《せいさつ》として平子《たいらく》氏に出した文書にも連署している。氏綱が家督継承者であること、文書の内容が次代の氏綱も保証するものであることを示す目的があろう。

八月十九日、早雲は相模川中流域の渡河点で交通の要衝である東郡の当麻《たいま》（相模原《さがみはら》市）に軍勢の濫妨狼藉《らんぼうろうぜき》を禁止する制札を発給した。当麻は宿場《しゅくば》で、同地の商人問屋で家臣の関山《せきやま》氏は早雲の相州《そうしゅう》打入りの時より山角対馬《やまかくつしま》入道を奏《そう》者《じゃ》▲として臣従《しんじゅう》し、関東中へ派遣する計策の飛脚《ひきゃく》の送迎をつとめてきたという。早雲は交通の要衝とそこの有力者をいち早く掌握し、次のステップへの足掛かりとした。十二月には中郡で所領を宛行っている。以上から、一五一二年には相模中郡・東郡を制圧し、隣接する武蔵南部にも一歩踏み込んだといえる。

翌一五一三（永正十）年正月、早雲が三浦道寸方の住吉要害を攻めた時、その戦火で藤沢《ふじさわ》の時宗《じしゅう》清浄光寺《しょうじょうこうじ》が焼失した。その後、住吉要害を攻略して道寸方を三崎《みさき》城に追い詰めた。このため、翌年三月から五月にかけて山内上杉憲房と扇谷上杉朝良らが武蔵荏原《えばら》郡に在陣し、朝良は太田永厳《おおたえいげん》を相模西郡攻撃に派遣するなどして早雲を牽制し、三浦氏を支援した。一五一六(永正十三)年に入って早雲が三崎城攻略をめざして出兵すると、六月頃、朝良は養嗣子朝興《ともおき》を相模に派遣したが、早雲はこれと戦って追い返した。そうして、七月十一日、ついに攻略して道寸・義意父子らを戦死させた。道寸もまた和歌《わか》を好むなど、文化人であったが、その戦死が、平安時代末から三浦半島を拠点に勢力をつちかい、一時期は相模守護にもなった三浦氏本宗家《ほんそうけ》の滅亡となった。帰陣した早雲はたびたびの合戦に大利をえたとして三島社に指刀を奉納した。相模国の平定という大きな目標の達成であった。

しばしの休息ののち、十一月には上総《かずさ》に出兵して妙光寺《みょうこうじ》(千葉県茂原《もばら》市)に禁制を発給している。翌年にも上総に出兵している。上総真里谷《まりやつ》(同木更津《きさらづ》市)の武田氏▲が下総小弓《おゆみ》(千葉市)の原《はら》氏との戦いに支援を求めたのに応じたものである。この出兵により早雲は上総の二宮《にのみや》の地域(茂原市)を獲得し、翌一五一九(永正十六)年に末子の菊寿丸《きくじゅまる》▲にあたえた所領のなかに上総国二宮の年貢計一〇三

▼**真里谷武田氏**　甲斐守護武田氏の一族。鎌倉府奉公衆の信長《のぶなが》が足利成氏に従い、一四五四(享徳《きょうとく》三)年末、享徳の乱の原因となる関東管領上杉憲忠《のりただ》殺害に加わる。のちに成氏の命で上総に侵攻、長《ちょう》南《なん》城(千葉県長南町)・真里谷城を拠点としたのが始まり。

▼**菊寿丸**　?〜一五八九。長綱《ちょうこう》宗哲《そうてつ》。一五一九(永正十六)年に早雲からあたえられた所領は箱根《はこね》領別当《べっとう》堪忍分などからなり、計四四六五貫文にのぼる。氏綱の代に箱根別当長綱と見える。それ以前に近江国三井寺《みいでら》(滋賀県大津《おおつ》市園城寺《おんじょうじ》)に入り修行。久野《くの》(小田原市)に居館を構えた。北条一族随一の文化人として知られる。

韮山城跡

▼『塔寺八幡宮長帳』　福島県会《あい》津坂下《づばんげ》町大字塔寺の八幡神社に伝わる記録。『会津塔寺八幡宮長帳』とも。江戸時代初期までの出来事が、東北地方を中心に他地方にまでおよんで記されている。

○貫文が入っている。一五一八(永正十五)年四月、扇谷上杉朝良が死去し朝興が継ぐ。古河公方足利高基の弟義明が古河公方の座をねらって真里谷武田氏らを頼って小弓に移り、小弓公方と呼ばれるようになった。これら房総《ぼうそう》勢力との関係は子の氏綱の代の課題として引き継がれる。一五一九年七月、氏綱が上総に出陣したが、七月二日に早雲は相模の三崎で舟遊びをしていて発病し、八月十五日に韮山城で死去した(異本『塔寺《とうでら》八幡宮長帳《ながちょう》』▲)。法名は早雲寺《そううんじ》殿天岳宗瑞《でんてんがくそうずい》大禅定門《だいぜんじょうもん》。

伊豆・八丈島・三浦半島・房総

早雲が最晩年に上総真里谷武田氏(以下、武田氏)の求めに応じて上総に出兵したのには、同地に領地を獲得することにとどまらない目的があった。武田清《きよ》嗣《つぐ》は一時期、流通拠点でもある武蔵六浦《むつら》(横浜市)に居住しており、一四九九(明応八)年には河川交通の拠点にある浅草寺《せんそうじ》(台東《たいとう》区)の再建を主導している。その嫡子信嗣《のぶつぐ》の娘は三浦義意に嫁いでいる。武田氏は江戸湾(東京湾)沿岸に拠点を築いていた。三浦氏を滅ぼし、三浦半島の流通拠点と水軍とを掌握したからには、指呼の間にある房総に武田氏との連携関係を通じて進出し、江戸湾内の制海権を掌握する目的があった。

これ以前、三浦氏との戦いは、八丈島《はちじょうじま》など伊豆諸島の領有と、そこからの三浦氏関係者の排除の戦いでもあった。伊豆諸島（以下、史料が多い八丈島を中心に述べる）はもとは山内上杉氏の直轄領であった。その支配は江戸湾内屈指の湊《みなと》である神奈川湊▲（横浜市）を拠点に行われ、十五世紀半ば頃から山内上杉顕定の家宰《かさい》長尾忠景が神奈川の有徳人《うとくにん》奥山宗麟《おくやまそうりん》を通じて行っていた（以下、『八丈実記』による）。実際には奥山八郎次郎忠督やその父などを代官として派遣し、年貢などを船で神奈川に届けさせていた。八丈島には一部に三浦氏も支配地をもっていて、朝比奈弥三郎《やさぶろう》あるいは北村秀助《きたむらひですけ》を代官として派遣していた。一五一〇（永正七）年には奥山忠督と北村秀助のあいだで合戦が起きている。のちには神奈川湊と奥山氏は三浦氏に属するようになったようである。

早雲は、伊豆を平定する一四九八（明応七）年八月には、伊豆南端の長戸路《ながつろ》（長津呂）を拠点とした長戸路（御簾《みす》）七郎左衛門尉真敷《まさのぶ》を代官として八丈島に派遣した。伊豆南部への侵攻には八丈島への進出目的もあったのである。ところが、

▼神奈川湊　中世・近世を通じて、品川湊とならんで江戸湾（東京湾）屈指の良港として繁栄した。廻船《かいせん》の寄港地で、鎌倉公方足利氏が神奈川・品川などに出入りする船に帆別銭《ほべちせん》という税をかけて、鎌倉円覚寺仏日庵《えんがくじぶつにちあん》など寺の造営費用にあてているように、船の出入りが多く、多収入が期待された。のちに支配者が山内上杉氏（長尾氏）、三浦氏、北条氏と移った。

真敷が入部のために新島《にいじま》に渡ったところで八月二十五日の大津波にあい、船と荷物ともに失ったという。これは前記明応七年の大津波のことだから、長戸路港の掌握はそれ以前だったことになる。一五一二(永正九)年五月に早雲は自身の意向に背いた代官左衛門次郎(御簾氏か)を下田《しもだ》から追放し、藤兵衛《とうべえ》を代官として派遣した。左衛門次郎は三浦氏を頼り、一五一六(永正十三)年に道寸らと運命をともにしたという。

一五一四(永正十一)年は早雲が三浦氏を追い詰めつつあった時期であるが、海上でも三浦方の船二艘を早雲の代官「駿河円明《えんみょう》」(朝比奈恵妙《えみょう》カ)の率いる二〇〇人ほどの兵が一三艘の軍船で追いかけたり、伊豆大島にいるところに夜討をかけたりした。この夜討の時、奥山忠督の弟八郎五郎忠弘《ただひろ》は生捕となって早雲に見参し、八丈島代官に任じられて一五一六年の三崎城攻めに参陣したという。一五一五(永正十二)年六月には八丈島で、三浦方の奥山忠督・朝比奈弥三郎と早雲方の「駿河円明」が合戦をし、早雲方が勝利して早雲の支配が確定した。

八丈島への渡航・交易のため伊豆の長津呂や下田を拠点とする人、三浦半島を拠点とする人、神奈川湊を拠点とする人などがいた。長尾氏も三浦氏も早雲も、そのなかの有力者を代官に任じることで島を支配するという方式をとっていた。早雲は三浦氏とその代官を倒すことで、伊豆・八丈島・三浦半島がかかわる太平洋海運に接続することが可能になった。そのさきに連なる江戸湾と房総に目が向くのは必然である。

④―早雲の家臣団

原伊豆衆と根本被官

早雲が伊豆《いず》に侵攻した時、自分の家臣《かしん》として率いていたのは根本被官《こんぽんひかん》であった。早雲も含めて全員が伊豆の人びとにとっては縁もゆかりもない外来者であった。伊豆に入ってのちに馳参した人びととして『北条五代記《ごだいき》』などでは、三津《みと》の松下《まつした》氏・江梨《えなし》の鈴木氏・大見《おおみ》三人衆・土肥《とい》の富永《とみなが》氏・田子《たご》の山本氏・雲見《くもみ》の高橋氏・妻良《めら》の村田氏があげられている。大見三人衆を除いた全員が西海岸の港を拠点に活動している武士や地侍《じざむらい》たちである。彼らのほかには途中から伊《い》東《とう》氏が味方になって恩賞《おんしょう》をあたえられた。全員が北条氏の家臣となっている。

伊豆の平定に五年もかかったのだから、狩野道一《かのうどういつ》や関戸吉信《せきどよしのぶ》以外にも敵対勢力が多かったのであろう。したがって、味方についた人びとにはすみやかに恩賞をあたえて家臣に組み込み、かつ支配地を掌握する必要があったから、伊豆平定戦に参加した人びとは根本被官も伊豆在住者もほとんどが伊豆で所領をあたえられたと考えられる。彼らをかりに「原伊豆衆《げんいずしゅう》」と名づけよう。これに相模《さがみ》

▼**『小田原衆所領役帳』**　北条氏は家臣団を小田原衆・馬廻衆など、衆単位に編成して、この時に衆単位の「知行役帳」（「所領役帳」）を作成した。それら全体の最初に小田原衆の所領役帳がおかれたので、書写によりそれが全体の名称として定着することになった。本来は「北条氏家臣知行役帳」とも称すべきものであるが、ここでは広く流布・定着している名称を用い、佐脇栄智校注本を使った。原本は江戸時代に焼失。

▼**衆編成**　『役帳』には本城・支城単位の衆のほか、諸足軽衆・職人衆・他国衆・社領・寺領・御家《ご》中《か》衆（御家門方）などが見える。

平定戦で臣従《しんじゅう》した人びとが加わり、それが小田原《おだわら》衆・馬廻《うままわり》衆・玉縄《たまなわ》衆のもとになっているが、『小田原衆所領役帳《やくちょう》▲』(以下、『役帳』と略記)にみえる様相は領《りょう》国《ごく》拡大と代替りにともなう改変を受けた姿である。なかでも、原伊豆衆が改変の影響をもっとも大きく受けた。以下では原伊豆衆の復元を中心に早雲の家臣団に迫ってみよう。

一五五九(永禄《えいろく》二)年に三代氏康《うじやす》が作成した『役帳』は、その時点での北条氏家臣のほぼ全容を示している。三代にわたって形成された家臣団は、当主の直属部隊で身辺を警護する馬廻衆のほか、小田原衆・玉縄衆・伊豆衆から武蔵《むさし》の松《まつ》山《やま》衆まで、本城・支城単位に衆編成▲されている。その衆ごとに家臣一人ひとりについて、所領の貫高《かんだか》と所在地名、家臣に人数着到役▲・知行《ちぎょう》役▲・出銭▲を賦課する際の役高を記した帳面である。北条氏はそれらの役を役高に比例して賦課する方針をとったので、役高の確定を目的として、この帳面を作成した。この時点での知行制の確立を示すものとして高く評価できる。

一五五九年は早雲が伊豆を平定してから六一年、没して四〇年がたっている。『役帳』に載る名前は原伊豆衆の子や孫の代のものであるが、伊豆であたえられ

▼**人数着到役**　一般にいう軍役のことで、出陣の際召しつれるべき兵士の数・武器・装備内容が、家臣の役高に比例して詳細に定められていた。『役帳』記載の所領高がそのままこの役高になる場合が多い。

▼**知行役**　築城・大寺社造営など大規模な普請《ふしん》などで労役や物品を負担する役。玉縄衆の末尾に、知行役が不分明なのでこのたび糺明したと記してあり、これが帳面作成の主要な目的だったとみられる。水軍として浦賀《うらが》(横須賀《よこすか》市)に常駐する家臣に知行役を免除しており、特別の任務・忠節などにより全免除、半分免除があった。

▼**出銭**　北条氏が莫大な費用を必要とする際に家臣に拠出させる役。織田信長への使者派遣、北条氏政の上洛準備の時などにかけられた。

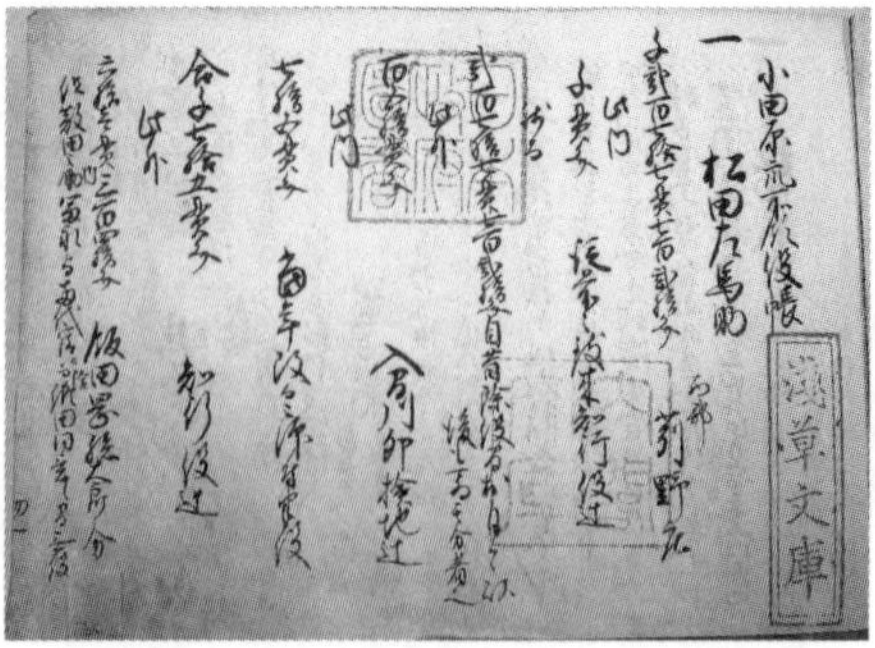

『小田原衆所領役帳』(冒頭)

た所領は子・孫・一族に基本的に継承されている。売却により失った所領も『役帳』でたどることができる。

まず、原伊豆衆に含まれる根本被官について確認しておこう。江戸《えど》時代成立の戦記物類に名が見えて、備中《びっちゅう》・京都・畿内《きない》を起点として早雲と行動をともにした可能性が高い人物として、笠原《かさはら》・大道寺《だいどうじ》・平井・荒木・多米《ため》・山中・荒川・在竹《ありたけ》(有滝《ありたき》)の名をあげることができる(『中国兵乱記』▲『北条五代記』など)。このうちの山中・大道寺・荒木氏は一四九五(明応《めいおう》四)年の駿河国道者売券《するがのくにどうじゃばいけん》(「米良《めら》文書」)にもとは山城《やましろ》に住んでいたとあるので、山城から早雲とともに駿河に移ったとみてよい。『役帳』で伊豆に所領をもつのは、笠原・大道寺・多米・山中の四氏である。平井・荒木氏は『役帳』に名が見えず、在竹氏は後継者にめぐまれなかったのか、母一人が登録されるのみである。荒川氏には諸足軽《あしがる》衆に属す中堅家臣がいるが、伊豆に所領をもたないので根本被官の家か確認できない。

そのほかにも系図・伝承などから根本被官とみられるのが山角《やまかく》・石巻《いしまき》・朝《あさ》倉《くら》・大藤《だいとう》・左近士《さこんじ》氏である。いずれも伊豆に所領をもつ。なお、伊豆に所領をもたないから伊豆平定戦に基本的に参加しなかったとみられる外来者に、松田・遠山・垪和《はが》・庄《しょう》氏などがいる。

根本被官には、早雲が駿河の石脇《いしわき》城や興国寺《こうこくじ》城にいたときに臣従した者もいる。その一人と推定されるのが伊豆衆の大屋《おおや》(大谷《おおや》)氏で、駿河国大谷郷(静岡市)出身で早雲とともに伊豆に移ったと伝える(『後北条氏家臣団人名辞典』)。善《ぜん》左衛門《ざえもん》が中条《ちゅうじょう》(伊豆《いず》の国《くに》市)で八〇貫文をあたえられている。名字から推測されるのが伊豆衆の末尾に見える相良《さがら》四郎で、吉田一〇〇貫文と蔵出五〇貫文をあたえられている。遠江《とおとうみ》相良には一時期早雲の所領があった。

再編された原伊豆衆

原伊豆衆の一部を構成したのが『役帳』の伊豆衆である。根本被官の出身である笠原綱信《つなのぶ》を筆頭とする二九人からなり、二七人が伊豆に所領をもつ。およそ三つの寄親《よりおや》・同心《どうしん》(寄子《よりこ》)グループからなり、綱信と同心、清水康英《しみずやすひで》と同心、秩《ちち》父《ぶ》次郎左衛門と同心に分けられる。このうち清水・秩父氏は伊豆在住者とみられ、根本被官を衆のトップにしつつ、地元の有力者と組み合わせる方式をとっている。寄親の所領は複数で所領高も大きいが、同心クラスはほとんどが伊豆

▼**『中国兵乱記』** 備中賀陽《かや》郡経山《きょうやま》(岡山県総社《そうじゃ》市)城主中島元《もと》行《ゆき》が中国地方の戦乱を描いた合戦記。一六一五(元和《げんな》元)年成立。同書には盛時が備中国から諸国へ武者修行に出る際に、近郷の名家の児童、内藤・笠原・二階堂・清水・大道寺・松田・井上・平井など三〇人が同道したと記す。『井原市史』Ⅲ参照。

国内の一〜二カ所のみで、所領高も小さいものが多い。同心クラスで伊豆在住者とみられるのは仁杉《にすぎ》伊賀《いが》・妻良の村田・雲見の高橋・安良里《あらり》の矢野《やの》・西嶋《にしじま》藤次郎・大見三人衆・西原《にしはら》次郎右衛門・倉地《くらち》・伊東九郎五郎・江川《えがわ》である。

原伊豆衆からはもっとも多い二五人が馬廻衆になっている。伊豆出身の伊東九郎三郎・仁杉五郎三郎・秩父孫四郎と根本被官出身の笠原藤左衛門は一族が伊豆衆と馬廻衆に分かれている。そのほかに馬廻衆に属す伊豆出身者に三津の松下氏や狩野大膳亮泰光《かのうだいぜんのすけやすみつ》がいる。狩野氏は伊豆でもっとも有力な武家の一つで、狩野道一は激しく敵対したが、一族の泰光は臣従し、側近に取り立てられた。蓮台寺《れんだいじ》（下田市《しもだ》）六〇貫文をあたえられたほか、多くの買得地をもつ。四代氏政《うじまさ》の奉者《ほうじゃ》・評定《ひょうじょう》衆をつとめ、のちに氏政の弟氏照《うじてる》の側近としても重用された。一族で本宗家《ほんそうけ》の狩野介も伊豆に所領をもち、のちに松山衆筆頭になった。

小田原衆は三四人で、筆頭の松田憲秀《まつだのりひで》は外来者だが伊豆に所領をもたない。伊豆に所領をもつ者は八人で、馬廻衆とは異なり、伊豆での所領高が一〇〇貫文以上と大きい者が多い。そのうちの蔭山《かげやま》▲・大草《おおくさ》・蜷川《にながわ》氏はその名字から、幕府・堀越公方府《ほりごえくぼうふ》との関係が推定され、儀礼・統治分野での役割が期待されて早

▼**蔭山氏**　伊豆河津郷（静岡県河津町）の領主だったとされる。金子浩之氏の著書によれば、蔭山氏がよったとされる河津城跡の発掘で、早雲の伊豆平定戦の時期に激しい抗戦の末に落城したと推定される痕跡がみつかったという。『役帳』では刑部左衛門が伊豆原木《ばらき》（元韮山町《にらやま》）一〇〇貫文を領している。この刑部左衛門家が河津城で激しく抗戦したかは不明。

雲方に迎えられ、遅くとも氏綱への家督交替時には小田原衆へ組み込まれたのではないかと推測される。

玉縄衆は一八人で、筆頭の北条綱成《つなしげ》、朝比奈《あさひな》孫太郎、根本被官出身の朝倉右《う》馬助《まのすけ》が伊豆に所領をもつ。朝比奈孫太郎は伊豆の所領三カ所がすべて現下田市域で、早雲から下田郷をあたえられたという知明《ともあきら》(『北条五代記』)の子もしくは孫とみられる。③章でみたように、八丈島《はちじょうじま》の代官《だいかん》に朝比奈氏がおり、朝比奈恵妙《えみょう》とみられる「駿河円明《えんみょう》」はこの朝比奈氏の可能性がある。孫太郎は三浦《みうら》郡三戸(三浦市)にも所領があり、八丈島などとの交易に従事していたと推測される。なお、伊豆田子の山本氏が本光院殿《ほんこういんでん》衆▲に属し、水軍として房総《ぼうそう》勢力との戦いに大活躍した。

江戸衆以下の編成は氏綱の代になってからであるが、原伊豆衆の有力者が編入されている。江戸衆は外来者で筆頭の遠山綱景《とおやまつなかげ》が伊豆に所領をもたず、原伊豆衆だったのは西土肥一〇〇〇貫文とその地の不入権《ふにゅうけん》をあたえられた富永氏、根本被官出身の朝倉氏などである。富永氏は三河《みかわ》国設楽《したら》郡出身で幕府奉公《ほうこう》衆となり、そこから堀越公方に仕えた者が出て伊豆にいたとみられる。早雲の伊豆

▼**本光院殿衆**　本光院殿は玉縄城主北条為昌の法名。為昌が一五四二(天文十一)年に死去すると、養子の綱成が玉縄城主になるが、旧玉縄衆から分かれた本光院殿衆が御家中衆のなかに見える(『役帳』)。根本被官出身の三崎城(三浦市)城代山中康豊を筆頭とする衆。

平定過程で特別の忠節があったようで、そのために広域の一括給与になったとみられる。江戸衆筆頭ではないが、江戸城の本城(本丸《ほんまる》)にいた。

河越《かわごえ》衆筆頭の大道寺周勝《かねかつ》は根本被官の家の出で、祖父・父が伊豆平定戦においに活躍し、伊豆で三五〇貫余の所領をえ、以後も順調に加増を受けた。江梨の鈴木氏のほか、古尾谷《ふるおや》・菊地《きくち》・渡辺・吉田氏など、伊豆在住の原伊豆衆を同心とし、彼らを引きつれて河越衆を構成している。同心は寄親の家臣ではなく、あくまで北条氏の家臣であるが、寄親・同心関係が衆の構成単位となっていて、寄親クラスの配置替えにともなった移動があった。

次には根本被官・外来者に焦点をあてて、彼らの役割について子・孫を含めてみていこう。

笠原・大道寺・多米・山中氏

笠原氏で早雲と行動をともにしたのは信為《のぶため》で、のちに武蔵小机《こづくえ》城(横浜市)の城代《じょうだい》となって玉縄城主北条氏の支配を支え、代官もつとめている。その小机に菩提寺雲昌院《うんしょういん》(雲松院)を建て、一五二九(享禄《きょうろく》二)年には越前守《えちぜんのかみ》信為と名乗って早雲の菩提をとむらうために五貫文を寄進している。早雲との強い結び付きをうかがわせる。『役帳』では信為の所領の師岡郷《もろおか》(横浜市)を受け継いだ平左衛門尉とその弟とみられる弥十郎が小机衆にいる。弥十郎の所領に伊豆田代《たしろ》(伊豆市)三〇貫文があり、信為の所領だった可能性がある。

のちに信為と同じ越前守を名乗るので子か孫の可能性があるのが、馬廻衆笠原藤左衛門康明《やすあき》である。伊豆奈古屋《なごや》(伊豆の国市)一一八貫文などを領し、奉者・評定衆をつとめて活動は広範におよび、一五八〇(天正《てんしょう》八)年には四代氏政の使者として上洛《じょうらく》、織田信長《おだのぶなが》のもとを訪れて、信長の娘と氏政の嫡子氏直《うじなお》との婚姻および同盟の交渉にあたった。系譜関係は不明だが、伊豆衆筆頭の笠原美作守綱信《みまさかのかみつなのぶ》は、伊豆矢田《やだ》(三島《みしま》市)一〇三貫余など伊豆で計二一三貫余をもち、相模西郡・中郡で二〇〇貫余を加増されている。同じ伊豆衆の清水康英とともに伊豆支配の要《かなめ》の位置にあり、康英が伊豆奥郡代(南半を管轄)、綱信が伊豆郡代(北半を管轄)であった。また、両者は古代の国府《こくふ》所在地で東海道《とうかいどう》の宿場《しゅくば》でもある三島の代官をつとめ、伊豆関係の訴訟では評定衆もつとめた。

大道寺氏は、早雲の従兄弟と伝える発専《ほっせん》とその子盛昌《もりまさ》が早雲に仕えたといわれる。盛昌の盛は早雲の偏諱《へんき》であろう。盛昌は、早雲が駿河石脇城にいた時に伊豆西海岸江梨の鈴木氏らと通好していたことや、江梨が不入権をえた事情などを同心の鈴木氏のために証言している。北条氏は鎌倉《かまくら》幕府・鎌倉府の所在地であった鎌倉の支配を重視して、その代官に盛昌を抜擢《ばってき》した。氏綱による鶴岡《つるがおか》八幡宮《はちまんぐう》造営工事では、盛昌は奉行《ぶぎょう》として中心的な役割を果たした。その後、周勝が河越衆筆頭となり、鎌倉代官とともに資親《すけちか》・政繁《まさしげ》へと継承されたほか、最後は国境の地である上野松井田《こうずけまついだ》城の守備にあたるなど、一貫して重用された。

多米氏・山中《やまなか》氏にも伊豆に所領をもつ者がいる。伊豆衆多米弥次郎が奈古屋で給田《きゅうでん》二〇貫文をあたえられ、かつて同人か多米新左衛門かが伊豆多田《ただ》(伊豆の国市)四〇貫文をもっていた。山中氏は『寛政重修諸家譜《かんせいちょうしゅうしょかふ》』▲(以下、『寛政譜』と記す)によれば、上野介《こうずけのすけ》盛元《もりもと》と近江《おうみ》守氏頼《うじより》の二系統が早雲に仕えたという。『役帳』では伊豆衆山中彦次郎のみが伊豆に所領をもち、合計三〇五貫文をあたえられ、本光院殿衆に属す彦十郎康豊《やすとよ》は三崎《みさき》城代で、奉行人・奉者・評定衆をつとめた。彼らと別系統とみられる河越衆の内匠助《たくみのすけ》・孫七郎は相模東郡海老名《えびな》(海老名市)を領している。

▼**『寛政重修諸家譜』**　一七九一(寛政三)年に幕府から大名と御目見《おめみえ》以上の武士などに対し家系の提出が命じられた。一七九九(寛政十一)年に編さんの総裁などが任じられ、一八一二(文化《ぶんか》九)年に完成。

馬廻衆のなかの根本被官

馬廻衆は平時も戦時も本城主の側近として身辺警護にあたり、本城主の意向を受けて行動する。『役帳』では総勢九三人ともっとも人数が多いが、一人ひとりの所領高が小さい者が多い。山角四郎左衛門康定《やすさだ》を筆頭とするグループと石巻下野守《しもつけ》家貞《いえさだ》を筆頭とするグループの二つに分かれ、前者は知行役を負担し、後者は負担しない。康定と家貞は伊豆で所領をもち、奉者・評定衆をつとめて、裁判や政治に深く参画した。

山角氏は『寛政譜』によれば、二階堂《にかいどう》遠江守維遠《これとお》の子孫と伝え、対馬《つしま》守定澄《さだずみ》が山城国宇治《うじ》山角村に住んで山角氏を名乗り、早雲に仕えて関東にやってきたという。定澄は史料に対馬入道《にゅうどう》(性徹《しょうてつ》)と見える人物に比定され、伊東家祐《いえすけ》とともに伊豆西浦《にしうら》の直轄領代官をつとめた。山角氏は『役帳』に四人の名が見え、すべて馬廻衆に属した。

石巻氏は三河国八名《やな》郡石巻郷(愛知県豊橋《とよはし》市)の出身とされ、家貞の父の代に早雲に仕えたと推測される。家貞は伊豆櫟山《いちやま》(伊豆市)二〇貫文、次男の彦六郎康敬《やすまさ》が奈古屋八〇貫文をもつ。家貞は奉者・評定衆のほかに相模西郡郡代もつとめたが、その家督と役職は嫡子康保《やすもり》に継承された。家貞の弟は早雲寺の塔《たっ》頭《ちゅう》天用院《てんよういん》(早世した氏政の兄の菩提寺)の僧で、一五六九(永禄《えいろく》十二)年には相越同盟締結の使者として越後《えちご》に派遣された。康敬は奉者や上野の武士たちの取次をつとめ、一五八九(天正十七)年には豊臣秀吉《とよとみひでよし》との交渉に派遣されている。また、小田原衆の板部岡《いたべおか》右衛門尉康雄《やすかつ》は家貞の子どもで、板部岡氏の養子になり、相模西郡延沢《のぶさわ》(開成《かいせい》町)、伊豆奈古屋(伊豆の国市)など合計三三五貫余を領し、奉者をつとめた。

朝倉氏は『役帳』に五人が見え、三人が伊豆に所領をもつ。馬廻衆の右京進《うきょうのしん》が鎌田《かまた》(伊東市)一二一貫文、玉縄衆の右馬助が玉川《たまがわ》(三島市)七二貫文、江戸衆の平次郎が梅名《うめな》(同前)一二九貫余をもつ。朝倉氏は越前《えちぜん》の大名朝倉氏の一族と伝え、駿河に来て今川氏親《いまがわうじちか》に仕えた人の一族が早雲に仕えたのではないかと推測される。一五三一(享禄《きょうろく》四)年十二月、右京進は祖父の古播磨《はりま》守が香林寺《こうりんじ》の開山《かいさん》以来同寺に寄進した大窪《おおくぼ》分など一四貫八〇〇文の土地を安堵《あんど》している。右京進がもつ大窪(小田原市)は祖父以来の所領だったことがわかり、祖父の代から早雲に仕えていたのであろう。香林寺は氏綱室養珠院殿《ようしゅいんでん》(一五二七年没)の開基《かいき》と

北条為昌正室朝倉氏の木像

伝える寺で、播磨守が同寺の創建（もしくは再興）に深くかかわっていたことがうかがえる。岩瀬《いわせ》（鎌倉市）の大長寺《だいちょうじ》には玉縄城主だった故北条為昌《ためまさ》（氏綱三男）の正室朝倉氏の木像がある。銘文ではみずからを伊豆の住人朝倉の息女とし、養子・養女として北条綱成（玉縄城主）・同刑部少輔《ぎょうぶのしょうゆう》綱房《つなふさ》と、松田盛秀《もりひで》室をあげている。朝倉氏は北条氏と深い結び付きがあった。

左近士九郎左衛門は伊豆の青木（三島市）に所領があり、奈良の甲冑師《かっちゅうし》の一族と伝える。早雲の家臣だった可能性がある。四代氏政の頃には甲冑製作にかかわったと推測される左近士七郎兵衛がいる。また、京都と小田原のあいだを往来して吉田神社の吉田兼見《かねみ》▲と北条氏のあいだの書状・贈答の仲介をしたり情報をもたらしたりした左近士氏がいる（『兼見卿記』）。

相模支配と大藤・松田・遠山氏

『役帳』で諸足軽衆筆頭の大藤式部丞《しきぶのじょう》政信《まさのぶ》は相模中郡北波多野《きたはたの》（秦野《はだの》市）七九貫余などをもち、田原《たわら》城（同前）城主で、中郡の郡代である。政信の父金谷斎栄《きんこくさいえい》永《えい》は紀伊《きい》根来寺《ねごろじ》▲の僧だったと伝えられ、史料にあらわれるのは氏綱の代からで

▼**吉田兼見**　一五三五〜一六一〇。京都の吉田神社神主、公卿《くぎょう》。日記の『兼見卿記』には織田信長・明智光秀《あけちみつひで》・豊臣秀吉らの動静が記される。父兼右《かねみぎ》の代から北条氏と交流があり、病気平癒《へいゆ》、武運長久・国家安全の祈禱《きとう》を行い、御《お》祓札《はらいふだ》を届けている。

▼**根来寺**　和歌山県岩出《いわで》町にある新義真言宗《しんぎしんごんしゅう》の総本山《そうほんざん》。高野山《こうやさん》金剛峰寺《こんごうぶじ》と対立し、鎌倉時代に根来の地に移った。戦国時代には軍事力を強化し、僧兵をかかえて隣接する和泉《いずみ》国にまで勢力を拡大した。いち早く鉄砲を取り入れた。大藤栄永は北条氏に鉄砲を伝えたとされる。

あるが、『役帳』の河越衆大道寺弥三郎の所領の伊豆縄地《なわじ》（河津《かわづ》町）四〇貫文はもとは大藤金谷斎の知行地で知行役が免除されていたとの記載があり、栄永は早雲の代からの家臣だったと推測される。

松田氏は小田原衆筆頭の左馬助憲秀が大森氏旧領の相模西郡苅野荘《かののしょう》（南足《みなみあし》柄《がら》市）一二七七貫余をはじめ、合計で二八〇〇貫文ほどの所領をあたえられて、破格の厚遇を受けている。そのほかに直轄領の西郡飯田《いいだ》（小田原市）と武蔵関戸郷（多摩《たま》市）の代官をつとめる。その活動は多岐にわたり、軍事はもちろん、奉者として、また里見《さとみ》氏ら房総の武将との取次として活動している。憲秀の父盛秀は早雲の偏諱をあたえられ、同人の妻は玉縄城主だった北条為昌の養女で、北条氏と縁戚関係になっている。父子とも北条氏に重用された。

松田氏の名字の地は相模西郡松田郷（松田町）で、その一族から備前《びぜん》国（岡山県）に所領をえた備前松田氏が出て、南北朝《なんぼくちょう》初期には備前守護《しゅご》になるほど有力であった。その後も幕府の奉公《ほうこう》衆として活動しているから、京都で早雲との関係ができたのであろう。『異本小田原記』▲巻四に、備前松田氏の尾張《おわり》守・筑前《ちくぜん》守兄弟が相州《そうしゅう》の松田左衛門尉を訪ねてくだり、早雲・氏綱に仕えて大功があり左

▼**『異本小田原記』**　伊勢平氏《いせへいし》の由来に始まり、北条早雲の蜂起から北条氏滅亡まで、五代の事績を描く。五巻。作者不詳。

衛門尉の遺跡を継いだと記している。この兄弟は尾張守盛秀と筑前守康定とみられ、盛秀の文書初見が氏康の代にくだることから、早雲との関係は盛秀の父の代にできたと推定されている（『小田原市史』）。松田氏が奉公衆であったことから、家永遵嗣氏は堀越公方に従って関東に来ていた可能性が強いとする。

松田氏は『役帳』の小田原衆に五人の名が見え、全員が伊豆に所領をもたない。筆頭の憲秀とそのあとに続く筑前守康定・因幡《いなば》・兵部丞《ひょうぶのじょう》は寄親と同心の関係で一族である。彼らとは別に、一八人あとに見える松田新次郎は相州の松田左衛門尉の後継者とみられる。『北条記』▲や『鎌倉九代後記』では松田左衛門尉は早雲が小田原城を攻略したのちに早雲のもとに馳せ参じたと記す。攻略後の服属なら、伊豆に所領がないことは納得できる。左衛門尉がそれ以前に相模にいたことは確かで、その関係地は『役帳』の松田新次郎康隆《やすたか》の所領と重なる。

松田氏で唯一馬廻衆に属す助六郎康長《やすなが》（康定嫡子）が、伊豆の三島宰相給《さいしょうきゅう》（三島市）一五貫余と仁田《にった》堀内《ほりのうち》分（函南《かんなみ》町）二五貫文をもつ。わずかだが、備前松田氏が早雲から伊豆で所領をあたえられたことを示す。しかし、一族全体としてみれば、主要な所領は相模にあり、根本被官として伊豆の平定戦を数年間にわ

▼**『北条記』** 別名『小田原記』。鎌倉府のもとでの関東の戦乱に始まり、北条早雲の蜂起から北条氏滅亡までを描く合戦記。六巻。作者不詳。

たってともに戦ったとみることはむずかしい。また、堀越公方の家臣だった可能性がある蔭山氏、大草氏が伊豆で一〇〇貫文、三〇〇貫文の所領をあたえられているのとは大きく異なっている。仮説ではあるが、一四九五年の小田原城攻略を考えると、備前松田氏は早雲の弟弥次郎とともに、早い時期に小田原城攻略と防備、相模平定戦の中心的担い手とされたのではないだろうか。だから大森氏の旧領苅野荘を一括してあたえ、原小田原衆の筆頭において相模西郡支配を固めた。山内上杉氏のみならず、甲斐《かい》武田《たけだ》氏の侵攻にも備えるために、松田氏に加えて、外来者の遠山氏（のちに江戸衆）を松田惣領におくとともに、相州松田氏を河村《かわむら》（城）に、篠窪《しのくぼ》氏を篠窪に、本領《ほんりょう》安堵の形でおいた。中郡への大藤氏の配置も東方への備えであろう。

　小田原衆には右に記した人びとを除くと、西郡にまとまった所領をもつ者は少なく、中郡では南条《なんじょう》右京亮・花の木・布施《ふせ》善三・布施弾正《だんじょう》左衛門康能《やすよし》・新《しん》田《でん》・遠山左衛門がまとまった所領をあたえられている。有力者の本領安堵はなく、この地域にとっては外来者である有力家臣を配置して押さえた印象を受ける。相模の西郡・中郡を本城領に、それより東を玉縄領とする領域支配方式は早雲の代にはおよそ定まっていたとみられる。なお、相模北部津久井《つくい》地方の確実な掌握は氏綱の代とみられている。

領域支配の担い手たち

伊豆・相模支配の要職にある者をあげてみよう。

伊豆衆筆頭　笠原氏　　小田原衆筆頭　松田氏
伊豆郡代　笠原氏　　相模西郡郡代　石巻氏
伊豆奥郡代　清水氏　　相模中郡郡代　大藤氏
馬廻衆筆頭　山角氏・石巻氏　　玉縄衆筆頭▲　北条氏

早雲の代にはほぼこのような体制ができていたと思われる。清水氏を除いて、全員が外来者である。また、のちの代になるが、評定衆なども多くが外来者やその子・孫であった。早雲自身も外来者であり、外来者による外来者重用の政権であったといえるのではないだろうか。

▼**玉縄衆筆頭**　玉縄衆筆頭(玉縄城主)の初代は早雲の子の氏時《うじとき》とされている。同人の文書初見は一五二九(享禄二)年なので、早雲が玉縄・鎌倉地域を掌握した一二(永正九)〜二九年までのあいだを埋めるのは、二代の城主氏時・為昌(氏綱の子)に関わりのある大道寺盛昌かもしれない。

⑤—治者の炯眼

検地と貫高制

伊豆《いず》に打ち入る時点で、早雲とその家臣《かしん》とは伊豆の人びとにとってまったくの外来者であった。相模《さがみ》についても同様であった。そこに彼らはどのようにして入り込み、支配をしていったのであろうか。前章では家臣団の編成について人の面から述べたので、ここでは家臣と百姓《ひゃくしょう》双方に密接に関係し、北条氏の領国《りょうごく》支配の根幹をなす検地《けんち》・貫高《かんだか》制と、領国に広く発給されて北条氏の領国支配を特徴づける虎の朱印状《しゅいんじょう》の創始について取り上げることとする。

一五五九(永禄《えいろく》二)年に三代氏康《うじやす》が作成した『役帳《やくちょう》』では、家臣の所領の大きさをすべて銭の量である貫文《かんもん》▲で表示している。北条氏は百姓にかける年貢《ねんぐ》の量(年貢高)も家臣の所領高も貫文であらわす貫高制を採用した。その始まりは早雲の代にさかのぼる。早雲は亡くなる直前の一五一九(永正《えいしょう》十六)年四月に末子の菊寿丸《きくじゅまる》(長綱《ちょうこう》、宗哲《そうてつ》)宛に出した知行《ちぎょう》注文で伊豆佐野《さの》五三貫四〇〇文など三六カ所の所領について、すべて貫高で表示している。また、同年正月二十九日

▼**貫文**　銭の単位で、通常、銅銭一枚が一文、一〇〇〇文が一貫文である。たとえば、一五六〇(永禄三)年に北条氏が漁師から魚をおさめさせる時、約三〇センチの鯛が一五文、大鯵《おおあじ》二文、いなだ五文で計算している。中国の王朝発行の銭を輸入して用いていたが、しだいに粗悪銭・私鋳銭《しちゅうせん》などがふえて流通の混乱が生じた。

永楽通宝(明の渡来銭)

に早雲が大見《おおみ》三人衆に宛てた文書などによれば、一四九七(明応《めいおう》六)年の柏窪合《かしわくぼかっ》戦《せん》で忠節があった彼らに対し、恩賞《おんしょう》として大見郷をあたえたが、当時はまだ伊豆の中部・南部が手に入っていなかったので、同郷の年貢のうちの半分四〇貫文余は早雲におさめるよう定めたという。早くから年貢高も貫高であらわしていることがわかる。なお、この文書は大見三人衆が忠節によって早雲からあたえられた所領と郡代《ぐんだい》不入《ふにゅう》などの権利が、子孫の代にも侵害されないよう早雲の保障を求めたのに応じて出されたと考えられる。

以上の文書から、大見郷の年貢は八〇貫文余であったことがわかる。これは早雲の伊豆侵攻以前からの額であり、北条氏の貫高制は関東地方や伊豆で年貢などが銭でおさめられたり、領主の所領の大きさが貫高で表示されたりしてきた先例を引き継いだものであった。したがって、初期には従来の年貢高を村人などから申告させて把握し、その額を納入させたり、家臣にあたえる所領高としていたとみられる。『役帳』では大見郷は一〇〇貫文の貫高で大見三人衆にあたえられている。北条氏におさめていた半分の年貢も彼らにあたえられたうえに二〇貫文がふえている。その理由は不明だが、貫高がふえる方法の一つとして検地があった。

たとえば伊豆衆の大屋善左衛門《おおやぜんざえもん》は初め伊豆中条《ちゅうじょう》(伊豆《いず》の国市《くに》)で五〇貫文をあたえられたが、同所で一五四三(天文《てんぶん》十二)年に検地が行われて三〇貫文があらたにふえ(検地増分という)所領高が八〇貫文になった。この検地は二代氏綱《うじつな》が一五四一(天文十)年に亡くなり、三代氏康が家督《かとく》を継いだことにともなう代替《だいがわ》り検地で、伊豆・相模・武蔵《むさし》の広い範囲で四二〜四三年に行われた。北条氏の諸政策のなかでも特筆される政策の一つが検地である。しかも、直轄領だけでなく家臣の所領についても、郷村を単位に北条氏の検地役人が実施した。

検地では田畠の面積を把握する。次に面積から銭(分銭)への換算をするために田の面積に一反当り五〇〇文、畠の面積に一反当り一六五文を乗じて分銭を算出する。その合計高から控除分(引方《ひきかた》という。年貢の免除分)を差し引いて年貢高・所領高を決めるのである。すなわち、家臣の所領高も農民がおさめる年貢高も、検地で調査した田畠の面積をもとに決まったのである。このような意味で、検地と貫高制は北条氏の領国支配の根幹をなすものであったということができる。

早雲の検地開始

その検地をはじめて行ったのも早雲である。『役帳』で小田原衆南条《おだわらしゅうなんじょう》右《う》京《きょうの》亮《すけ》の所領、相模西郡宮地《みやじ》（湯河原町《ゆがわら》）について、「丙寅《へいいん》検地辻」が八一貫九〇〇文とある。丙寅は一五〇六（永正三）年である。この検地開始は諸大名のなかでももっとも早い時期に属し、画期的といえる。もとは五八貫六〇〇文であった宮地の貫高がその検地で二三貫三〇〇文ふえて八一貫九〇〇文になった。なお、同人の別の所領、相模中郡温水《ぬるみず》（厚木市《あつぎ》）は二三貫文だったのが、代替り検地で三〇貫六〇〇文もふえて五三貫六〇〇文になっている。

『役帳』ではほかに一五〇六年検地の記載はないが、同じ年の正月十四日に遠《とお》山直景《やまなおかげ》が所領のある西郡松田《まつだ》郷（松田町）の延命寺《えんめいじ》に田畠を寄進した文書に、田一反五〇〇文、畠一反一七六文で計算した数値の五貫三〇〇文を記しているのである。北条氏はのちの検地で田一反五〇〇文、畠一反一六五文で計算することが多く、それが基準値であるが、村により若干異なる場合がある。この松田郷ではその基準値を田ではそのまま、畠では若干高い数値にかえて計算したようである。そうすると、基準値は、一五〇六年正月時点で決まっていたと考えられる。松田郷の検地は前年の一五〇五(永正二)年に行われた可能性もある。

前記のように、検地を行うと新しい年貢高が従来の二倍以上になったり、四〇%ふえたりしていることを考えれば、早雲が検地を行った背景として、郷村に(大災害がなければ)従来の年貢高を上回る負担能力があると見抜いていたことが考えられる。それまでの領主が郷村や耕地の状況を十分に把握できなくなっており、郷村に富が蓄積され、百姓のなかに富裕層が成長し、地侍《じざむらい》と呼ぶような階層が形成されていたことを目にしたにちがいない。大見三人衆はまさにそのような人びとだった。その富を年貢として把握し、かつ郷村の有力者を家臣にして兵力を増強することを志向したにちがいない。早雲は外来者であったから、従来の関係や慣例に縛られることがなかった点が、郷村や住人をしがらみのない新しい目でみることを可能にしたと考えられる。

しかし、ただ根拠もなく百姓にいきなり高い年貢を申しかけても百姓の反発を招くだけである。もともと領主の多くは田畠に年貢をかける方式をとってきたから、年貢を増徴するには田畠の面積を根拠にする必要があった。これだけの耕地があるからこれだけの年貢をおさめなさいということである。自身が備《びっ》中《ちゅう》で所領をもち、今川氏の遠江侵攻と土地支配にかかわった経験もいかされたであろう。それでも百姓の側には年貢増徴につながるとして反発があったにちがいない。とくに村の有力者の納得・協力がえられないとむずかしい。その点で検地には田畠の面積を把握すると同時に、その土地の持ち主あるいは年貢納入責任者を把握・認定する機能がある。そのことでその人の土地に対する権利が大名から認定される。また、郷村単位で検地を行うことでどこまでがその村の範囲か、どの田畠がその村に属するのかが決まってくる。当時は山野や川原などで田畠の開発を進める人、草木をとる人が多くいて、土地の権利や用益権をめぐって個人のあいだや村同士での争いも発生していた。のちの検地では開発・再開発可能な土地をその村の荒地として登録し、開発をうながす場合もあった。検地は個人や村に土地に対する権利を認定する役割を果たしたのである。

早雲の代では検地を行った範囲はまだ限られていたが、原則が定まり一歩を踏み出した意義は大きい。検地をすれば、ほとんどの村で年貢高は大幅にふえた。それによって、恩賞にあてられる貫高がふえて家臣を多く召し抱えることができ、忠節があればすみやかに恩賞をあたえてさらなる粉骨をうながすこと

一五四一(天文十)年相模国下中村上町分検地帳

(天文十年)辛丑
下中村上町分検地帳
田一反大卅歩　三郎左衛門
田二反百十歩　同人
田小四十歩　二郎三郎
畠大六十歩　同人
(三五四筆分省略)
以上拾四町壱反卅歩　田分
此分銭
七拾貫五百四十二文
以上弐拾七町五反五十歩　畠
此分銭
四拾五貫四百文
此内拾七貫八百八十五文夏成
合百拾五貫九百四十二文
(後略)

直轄領の下中村上町分(小田原市)の検地を行い検地帳を作成したが、その地を本光寺に寄進し、土地争いを裁許して、一五五〇(天文十九)年に同寺に書きあたえたもの。

もできる。直轄領もふやせる。まさに検地は軍事力増強に資する重要政策でもあった。室町《むろまち》時代のたび重なる戦乱をへて、とくに関東西部では有力武士の多くが滅びあるいは没落し、自分の力で検地をしたり年貢を増徴したりできる力が失われていた。早雲の登場は多くの中小武士に存続と発展の希望をあたえ、有力百姓らに武士身分への道を開くことになった。

検地は郷村単位に行われ、百姓が北条氏もしくは家臣に対して納入する年貢高を、検地により決定した。家臣が自分の所領から徴収する年貢高を原則として北条氏が決定したのである。しかも、北条氏は領主が本来もっていた公事《くじ》(税)や夫役《ぶやく》を賦課する権利を、否定はしないが、制限するようになった。本来武士が領主としてもっていた自立的な百姓支配の権限を制約し、大名の権限を強化することになった。その背景には、郷村を単位とする百姓中《ひゃくしょうじゅう》の、家臣や代官《だいかん》による恣意的で先例を無視するような賦課に抵抗する力があった。

前述のように、検地をする、田畠の面積を把握する、面積をもとに分銭に換算する、分銭から控除分(年貢免除分)を差し引く、年貢高決定、という手順で年貢高が決まった。分銭から差し引く控除分とは「引方」と記されるが、通常は

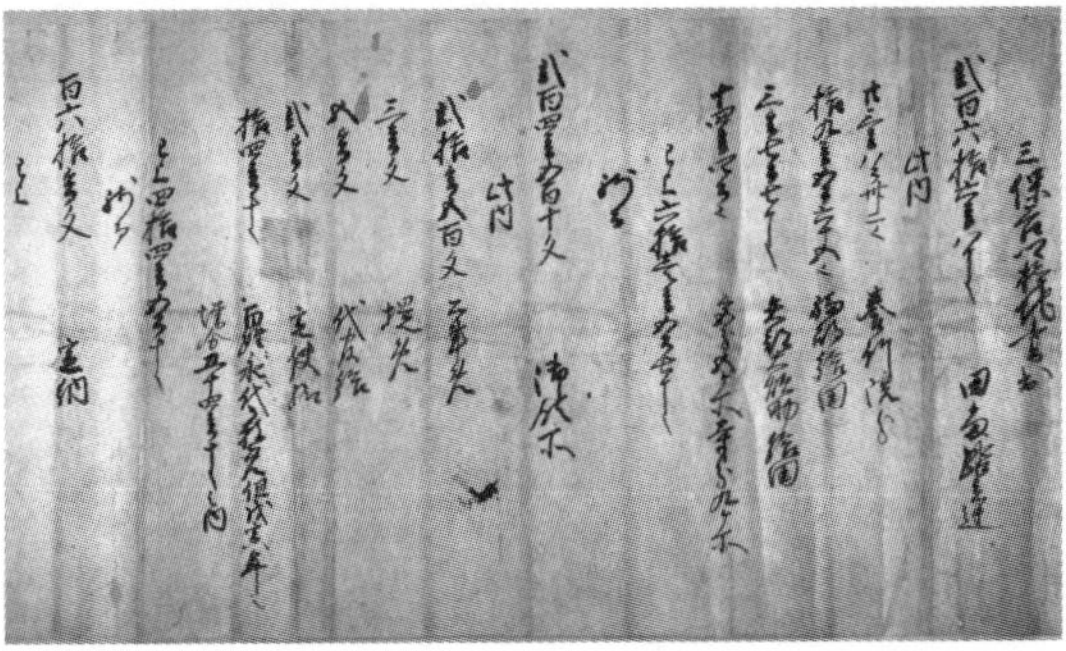

（中略）

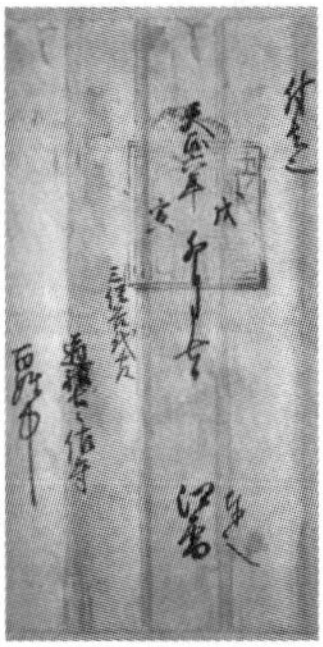

検地書出（「道祖土《さいど》文書」）

公事免《めん》（分銭の一割）・神田《しんでん》・井料《いりょう》・定使給《じょうづかいきゅう》が最低限入る。ほかには代官給・名主《なぬし》《みょうしゅ》給が入る場合がある。公事免は北条氏がすべての郷村にかける大普請人《おおふしんにん》足《そく》や陣夫《じんぷ》などを実際に負担した村人に飯米などとして給付するためのもので、公事免の額の年貢分を村の側に残しておいて村が支給する。夫役は無償ではなかったのである。神田は祭礼や神社修理などにあてる費用、井料は用水路の維持・管理・修築などにあてる費用、定使給は村に必ず一人以上いて、村人への伝達や隣村などへの連絡役をつとめた人への給分である。これらは分銭をもとに額が決まる。それを年貢から差し引いて村の側に残し、実際の運用・支出を村の側にまかせたのである。このように、北条氏は村や村人の生活や生産が成り立っていくために必要な費用を年貢から差し引いて支給する形とした。村の再生産を村の自治にまかせたのである。

そして、検地から年貢高決定にいたる手順にともなう数字を検地書出《かきだし》という文書に記して百姓中に交付したが、早雲の代からそうした手順と検地書出があったかは不明である。ただ、早雲が亡くなって七年後の一五二六（大永《たいえい》六）年に相模西郡飯積《いいづみ》（飯泉《いいずみ》、小田原市）の福田寺分《ふくでんじぶん》百姓中に出した検地書出があるので、基本方針が早雲の代にあった可能性はある。

虎の朱印状の創始

早雲が亡くなる一〇カ月ほど前の一五一八(永正十五)年十月八日、虎の印判を押した朱印状が伊豆の直轄領木負《きしょう》(沼津《ぬまづ》市)に出された。宛名は「木負御百姓中」と代官山角《やまかく》・伊東《いとう》となっている。現在のところ、これが虎朱印状の初見である(扉写真参照)。虎の印判はその後五代まで引き継がれ、北条家当主の発給する公的な文書に押された。この印判は個人に属す私的な印判ではなく、代々の北条家当主に属す家印《かいん》として当主は出陣の際も携帯した。すべて朱印なので、文書は北条家朱印状(北条を名乗る前は伊勢家朱印状)と呼ばれる。虎は大名の権威の象徴として選定されたもので、命令や決定に従わせる力をもつことが期待された。のちに武田《たけだ》氏が竜を、上杉輝虎《うえすぎてるとら》(謙信《けんしん》)が獅子を用いるのも同様である。虎の選定には一五一八年が寅年であったことも影響しているかもしれない。

初見の文書の書出しには同年の「九月に仰せ出ださるる御法の事」とあって、九月に定めた法(国法《こくほう》)に基づいて出されたことがわかる。

第一条は竹木などの納入を申しつける時の規定で、北条氏が数量を定めて虎朱印状で郡代に申しつけ、郡代から郷村に申しつけると定めている。これは領国内の他の郷村にも共通する規定で、虎朱印状がなければ、郡代であっても代官や他の誰であっても竹木の賦課はできないことを、負担者である百姓中に知らせている。

第二条は「りうし」(立使《りゅうし》もしくは漁師)を召し使う時の規定で、船を使って運送をさせる役とみられる。これは、虎朱印状に基づき、代官から申しつけるとしているから、直轄領である木負の領主としての北条氏が賦課する役の規定である。そのため代官から申しつけることになる。

第三条からは、木負をはじめとする直轄領の西浦《にしうら》の村々(漁村)から「毎日の御菜御年貢」すなわち北条氏の食膳に供する魚介類を御菜年貢として決まった数量納入する定めであったことがわかる。そのうえで、第三条はその定まった数量以外に魚介類が必要となった場合は虎朱印状に数量を記して申しつけ、その代金を支払うと定めている。領主である北条氏が決まった年貢量以上の賦課を無償で恣意的にしないこと、代官に私利のための不法な賦課をさせないこと

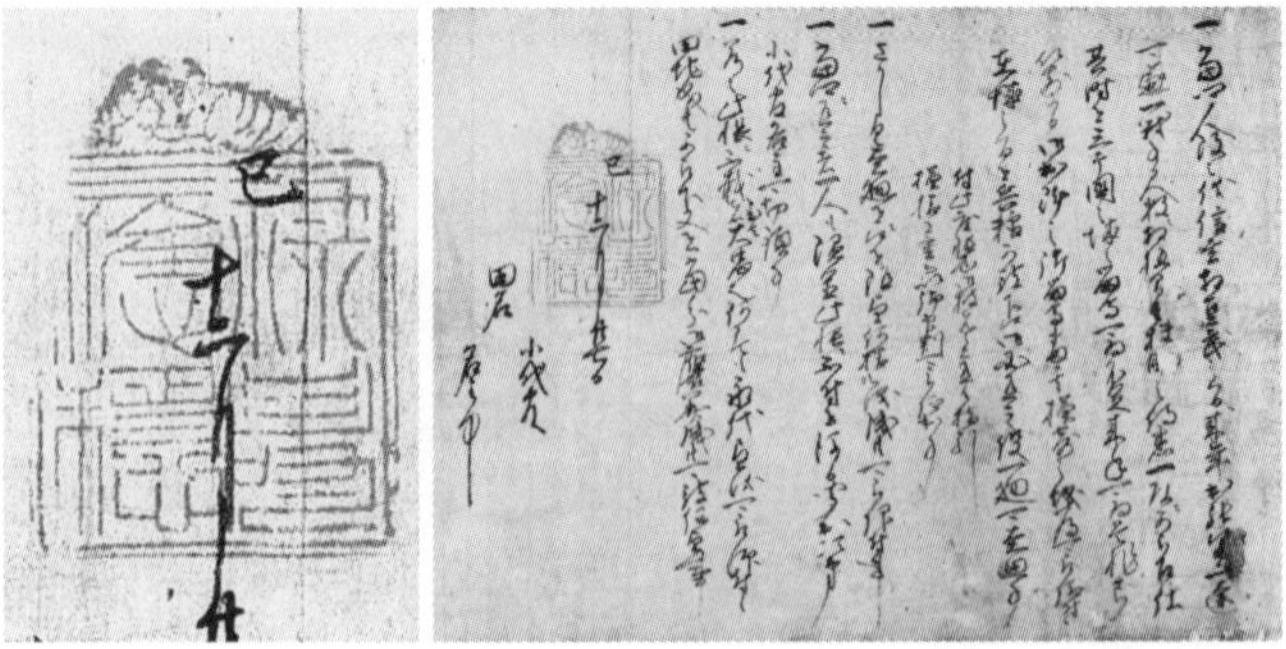

北条家朱印状　（一五六九〈永禄十二〉年）十二月二十七日（「江成文書」、左は印部分）

を表明しているといえる。

第四条は人足役についての規定である。「年中定むる大普請のほか」に人足を負担させるときは虎朱印状で申しつけると定めている。大普請人足役は直轄領と家臣の所領のすべての郷村に対し北条氏が賦課する夫役で、すでに早雲の代からあったことがわかる。のちの史料によると、築城、道路・堤防などの工事に、貫高に応じて郷村に一人から数人の人数を指定して、一人当り年間一〇日間作業させる役であった。前記の公事免はこの役に出た人に対し村が支給するためのものである。規定以上の負担に対しては賃金を払うことになっていた。

以上の四カ条のあとには、規定を総括して、どんな少事でもまず虎朱印状で定めて申しつけるので、それがなければ、たとえ郡代や代官の文書があっても応じてはならない、もし不法に申しつける者がいたら、その名前を記して北条氏に直訴するようにと定めている。

この虎朱印状は北条氏の領国支配策の画期を語るたいへんに重要な文書である。九月に定めた国法の内容を直接に示すものは伝わらないが、その趣旨がこの文書に反映していることはまちがいない。早雲のここまでの歩み・経験・見

虎の印判（前ページ写真）　上部は虎の像を、下部は縦横七・五センチの方形二重郭のうちに「禄寿応穏」の四文字をきざむ。四文字は「禄寿《ろくじゅ》、応《まさ》に穏《おだ》やかなるべし」と読み、「禄（俸禄、お金）も寿命もきっと安穏に亨《う》けることになるであろう」という予祝の気持ちをあらわしたものと考えられる。

聞をふまえて、九月の国法が定められたと考えられる。北条氏は『今川《いまがわ》仮《か》名《な》目《もく》録《ろく》』のような網羅的な内容をもつ分国法《ぶんこくほう》はつくらなかった。その時々に広域で生じた問題に対応するべく、単発の国法を定めていった。それは基本的に領国全体に適用されるべき普遍性をもった法であった。他の大名の分国法の多くが百姓などにかかわることであっても、直接的には家臣を対象とした規定になっているのに対し、国法に基づいて出されたこの朱印状は直接的に百姓中を対象とした文言からなり、それを百姓中宛に通知している。大名と百姓が直接に向きあう形となっている。ここに北条氏の政策の画期性がある。

この文書の主眼は百姓中に対して郡代・代官その他の人びとが不法に恣意的に役などの賦課をするのを禁ずることにある。負担の定量化を進め、それ以外の負担についてはすべて北条氏が決めて虎朱印状で百姓中に通知することとし、それに従って郡代や代官が百姓から徴収するのが唯一合法であるとする。この法文の趣旨を不法行為を働く可能性のある郡代・代官に禁止事項として示せば、立法の目的が達せられるとする考え方もありうる。しかし、北条氏は負担する側の百姓中に直接示すことで、百姓中を政治的・法的主体として認定したのである。彼らに不法者の交名《きょうみょう》を記して直訴するよう定めたのは、まさにそれに対応した規定であって、単なる不平・不満のガス抜きのためではないのである。

この虎朱印状からはまだ多くのことが読みとれる。郡代の制度がすでにあったことがわかる。郡代は、原則として郡を単位におかれる。伊豆ではおよそ北と南に二分して、北部を伊豆郡代として笠原《かさはら》氏が、南部を伊豆奥郡代として清《し》水《みず》氏が任じられた。相模では西郡郡代が石巻《いしまき》氏、中郡郡代が大藤《だいとう》氏であった。いずれも有力家臣をあてている。北条領では土地は北条氏の直轄領と家臣や寺社の所領とに分かれ、それぞれが年貢を徴収した。そのうえに、北条氏は直轄領かそれ以外かを問わず、すべての郷村を単位に竹木・大普請人足・反銭《たんせん》▲・棟《むな》別銭《べちせん》▲などを賦課する制度をつくった。その徴収の任にあたるのが郡代で、さきの虎朱印状の第一・四条がそれにかかわる(反銭・棟別銭の賦課開始時期は不明)。

百姓中と直接向きあう権力

以上のように恣意的で無限定な賦課をしない、させないという政策基調が早雲の代に明確にあったことを指摘できる。そして、その政策基調を実際の場面

▼反銭　段銭とも書く。田一反(段)ごとに賦課した税。もとは朝廷・幕府が臨時に賦課していたが、戦国大名のなかには毎年賦課する者があらわれ、北条氏は田の分銭をもとに八%の税率(一反四〇文)で毎年賦課した。さらに一五八一(天正九)年までに二倍に増徴した村がある。

▼棟別銭　家一棟(一間)ごとに賦課した税。反銭と同様の経過をたどり、北条氏は棟別銭と正木《まさき》棟別銭の二種類を毎年賦課した。前者は農村と都市の違いによるものか、三五文、一〇〇文などの例がある。後者は一間当り二〇文である。賦課のために北条氏は郷村ごとに棟別数の調査をしている。

で実現させる手段として、当主だけに発給権限がある虎朱印状が生み出された。それにともない、当主には政策基調を守る強い倫理観・自制力が求められるが、それだけでは危険である。当主の専断・独裁を防ぐための装置が必要になる。評定衆《ひょうじょうしゅう》や奉行人《ぶぎょうにん》などからなる権力機構の整備はそのための装置であるが、もっとも重要なことは、郷村の百姓中の存在である。百姓中に対し直接に文書を発給し負担量を明示して義務を果たすよう命じるとともに、彼らに不法・非道を訴える権利を認めるという支配方式は、百姓中を支配の対象で身分的・階級的には下位に位置づけるのではあるが、他面で政治的・法的主体として認定し、みずからの対極に位置づけることを意味した。この点、基本的に家臣をとおして百姓を支配する方式をとり、領国規模での百姓対大名という関係を設定しなかった大名とは本質的に異なる権力のあり方だということができよう。

年貢負担の面では、百姓はそれぞれの土地の領主と個別に関係をもつだけであるが、北条氏は領国一律に同じ基準で郷村の百姓に対し竹木や大普請人足などをかけるという支配方式をとったことにより生まれた関係であり、百姓は北条領国の百姓であるという意識をもち、百姓対大名北条氏という関係を認識し、それゆえに訴訟を起こすことに制約が少なかったともいえるのである。

以上のような政治姿勢・方針は、京都で将軍に近侍し政治の混乱と将軍権力の弱体化、それらが引き起こした戦乱で荒廃した京都を目の当りにした早雲だからこそ、そして都を離れて地方に新天地を求め、外来者として新しい領国を築き、その主となった早雲だからこそ生み出したものであったと考える。十六世紀に入っては旧来の守護《しゅご》家や管領《かんれい》家・関東管領家の没落・衰退はより一層進行していた。新しく築いた領国を子や孫に安定的に伝え、さらに拡大・発展させていくために必要と考えられた方策であろう。この時の国法の制定は家督の移行を前提としたものだから、若い氏綱も参画していたことは確かであろうが、早雲の経験とそこから生み出された思想が形を成したものと考える。こうして定まった国法と政策基調とはその後五代の氏直まで基本的に継承され、領国支配という点では破綻はなかったといってよい。

同じ頃、もう一つ印文「調」の印判▲がつくられ、職人を北条氏の御用《ごよう》に動員する際に用いられた。その初見文書は虎朱印状と同じ一五一八(永正十五)年の十月二十八日に鎌倉《かまくら》の鍛冶職人福本氏に出されたもので、「調」の朱印が袖上部に

▼**「調」の印判**　縦横二・五センチの方印。初め職人動員のほか通行手形に用いられたが、のちには紙継目印などとして使用された。

▼**目安**　箇条書にした訴状・陳状をいうが、しだいに、箇条書にしない場合も目安というようになった。北条氏は、目安が提出されると、被告側に相目安(陳状)を提出するよう命じて、審理を行った。

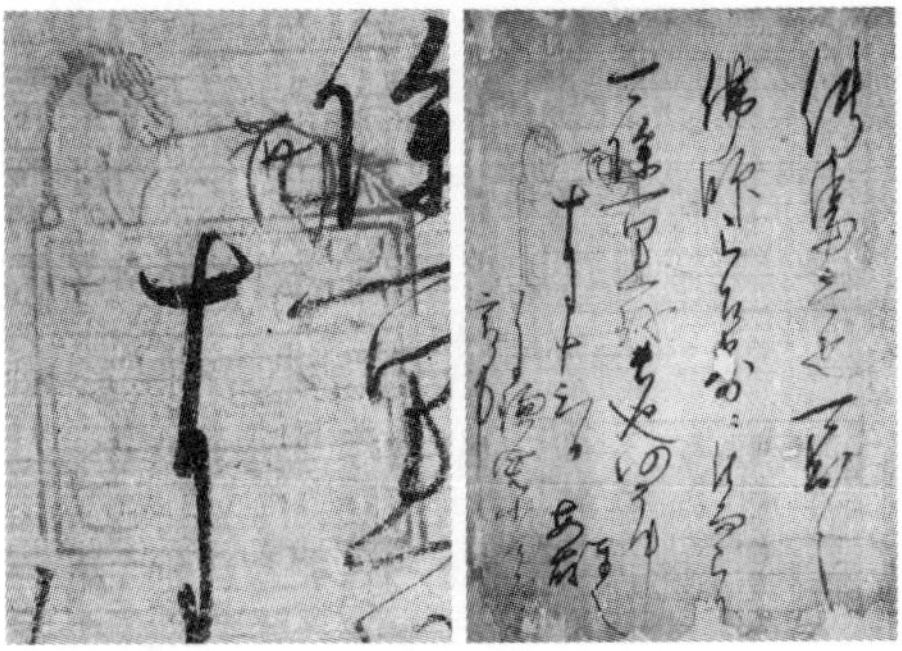

北条家伝馬手形　(年未詳)酉十月十三日(「後藤文書」、左は印部分)。印判は上部に馬の像を、下部には方形二重郭の内に「常調」の二文字をきざむ。

押され、日下に奉行人が連署《れんしょ》する形をとっている。これも発給要件を厳しくして、私的・恣意的な職人使役を防ぐ方式である。こうした試みをへて、のちには一年に三〇日間は通常の賃金(作料)の三分の一の額(公用《くよう》)の支払いで北条氏の御用をつとめることを義務づけ、それ以上召し使う場合は通常の賃金を支払う制度ができる。同様の趣旨で、公用《こうよう》で移動する者にのみ無賃で伝馬《てんま》を使用できる伝馬手形を発給する伝馬制度もできる。

以上のような政策は文書による支配をもたらした。百姓・職人・商人にも、家臣にも北条氏から出される指示・命令・通知は虎の朱印状によって行われることを基本とし、逆に百姓・職人・商人・家臣らが北条氏に訴訟・訴願を申し出る場合も目安《めやす》▲という文書に記して提出することとされた。従来の東国《とうごく》にはない、百姓らにもおよぶ文書主義の採用である。北条氏その他から発給された文書を読めることが不可欠となり、さらに書く能力も求められる。検地書出の数字、反銭・棟別銭などの数字の妥当性も判断する必要がある。文字と計算能力の習得をより広く百姓などにまでうながすことになったのはまちがいない。社会に確実に新しい文化の機運を開きつつあったといえるのではないだろうか。

北条氏綱画像（部分）

終章──小田原城主四代と小田原の繁栄

小田原城主四代の歩み

小田原城主四代のおよその家督《かとく》期間を示すと、氏綱《うじつな》が一五二〇年代〜三〇年代、氏康《うじやす》が一五四〇年代〜五〇年代、氏政《うじまさ》が一五六〇年代〜七〇年代、氏直《うじなお》が一五八〇年代となる。四代まで二〇年間ほどで家督を譲っていて、相続争いも一族間の内紛もなく、一族が地域支配を分掌して本城主を支え、領国《りょうごく》を拡大した。領国は伊豆《いず》・相模《さがみ》・武蔵《むさし》と、上野《こうずけ》の大部分、下野《しもつけ》の南半、下総《しもうさ》・上総《かずさ》の大部分、常陸《ひたち》南部にまで拡大した。しかし、五代氏直の時、全国平定をめざす豊《とよ》臣《とみ》（羽柴《はしば》）秀吉《ひでよし》と戦い降伏して、約一〇〇年におよんだ戦国大名北条氏の歴史は断絶した。

氏綱は、早雲の代から自身が居城としていた小田原《おだわら》城を本城とした。東方への侵攻を進めるため、関東のうちに本城をおいたのである。そうして一五二三（大永《たいえい》三）年秋頃に名字を伊勢《いせ》から北条に改めた。鎌倉《かまくら》北条氏末裔の女性との婚姻伝承に着目する説があるが、かりにそうした女性との婚姻があったとしても、

『小田原城下図屏風』（部分）　江戸時代初期の城下のようす。

二カ国の大名が名字を変えることの政治的意図を考えるべきであろう。翌年正月早々に扇谷《おおぎがやつ》上杉《うえすぎ》氏の重要拠点江戸《えど》城を奪取することからみても、扇谷・山《やまの》内《うち》両上杉氏打倒、武蔵制圧、房総《ぼうそう》侵攻継続を当面の目標とし、ひいては関東に覇を唱える構想（夢）があったであろう。上杉名字に対抗できる名乗りとして、北条を選んだにちがいない。伊豆での拠点の辺りが北条と呼ばれたこと、鎌倉北条氏が伊豆から相模に進出し、幕府の執権《しっけん》となったことなどが念頭にあったかと推測される。それはまた、由緒ある伊勢名字に決別し、関東支配に軸足をおいたことを意味しよう（京都・畿内《きない》との関係を断つという意ではない）。

　氏綱は一五三二（天文元《てんぶん》）年には鶴岡八幡宮《つるがおかはちまんぐう》の造営工事に乗りだし、成功させた。源《みなもとの》頼朝《よりとも》の造営に始まり、代々の将軍・御家人《ごけにん》、鎌倉公方《くぼう》などが厚い信仰をよせてきた特別の存在であったから、その造営をすることは将軍や鎌倉公方にも比肩される、関東の新しい支配者の登場を強く印象づける行為であった。

　氏綱は古河《こが》公方家の内紛を武力で収拾し、娘（芳春院殿《ほうしゅんいんでん》）を足利晴氏《あしかがはるうじ》の正室に入れて縁戚関係を結んだ。その子義氏《よしうじ》を擁立する氏康は晴氏に圧力をかけて公方の座を譲らせ、全面的な保護下においた。氏康は一五四六（天文十五）年に河《かわ》

北条氏康画像(部分)

越《ご》の合戦《かっせん》で、扇谷上杉氏を滅ぼし、五二(同二十一)年には山内上杉憲政《のりまさ》を越後《えちご》に追った。ここにいたって両上杉氏を駆逐したのである。

早雲が始めた検地《けんち》は、氏綱・氏康が代替り検地や広域の検地を行い、その後も必要に応じて郷村単位にも行って、領国支配の根幹をなす政策として位置づけられた。しかし、危機的状況が生まれていた。一五五〇(天文十九)年四月一日、領国全体の郷村の百姓《ひゃくしょう》中宛《じゅう》にいっせいに虎の朱印状を発給した。領国のあちこちで百姓の退転(困窮、困窮による離村・流亡)が起きているので、雑多な税である公事《くじ》を廃止し、そのかわりに畠の貫高の六%の懸銭《かけせん》を創設する、郡《ぐん》代《だい》・触口《ふれくち》らが干渉したら直訴せよ、などと定めた。また、村に戻った百姓の借銭・借米を破棄するとして徳政令《とくせいれい》の内容を含めた。懸銭は百姓への主要な賦課を、貫高を基準にする貫高制支配に徹底するものである。

しかし、これらの対策はなお不十分で、ちょうど一〇年後の春には借銭・借米・質物などを破棄し、年季売りの妻子・下人《げにん》と田畠などの取戻しを認める徳政令を出した。家督を継いだばかりの四代氏政の代始めの徳政である。百姓などの債務を帳消しにして救済することで、代替りが新しい政治の始まりであると印象づけるねらいがあったものと思われる。また、百姓の大きな負担となっている年貢の銭納▲の一部を米などの現物納に転換する方針も示された。

氏康が一五五九(永禄《えいろく》二)年二月に作成した『役帳《やくちょう》』では、本城・支城単位の領域編成と家臣《かしん》の衆編成を対応させ、行政・軍事の単位とする領国支配方式が確定され、知行《ちぎょう》制の全体を北条氏当主が把握し、不明点を明確化した。この支配方式はその多くが徳川家康《とくがわいえやす》の領国支配、家臣団配置に受け継がれていった。

北条氏の支配は対百姓ら被支配者、対家臣ともに非常に合理的に構築された。四代・五代期はそれまでの蓄積を継承しつつ、上杉・武田《たけだ》・徳川・豊臣氏らの外部勢力と結んだ佐竹《さたけ》氏・宇都宮《うつのみや》氏などの反北条勢力との戦いが続いた。

繁栄する小田原と文化を享受する人びと

大森《おおもり》氏の代に始まる小田原城下町《じょうかまち》は、関東随一の都市として発展した。馬《うま》廻《まわり》衆の山角《やまかく》氏・幸田《こうだ》氏や職人衆の須藤惣左衛門《すどうそうざえもん》が小田原の町にその名を遺していたように、馬廻衆・小田原衆や重臣層、北条氏一門などが屋敷を構えていた。

▼**銭納**　北条氏は貫高制を採用し年貢や反銭《たんせん》・懸銭などを銭でおさめさせる方針をとった。しかし、銭は中国からの輸入銭のほか、国内外の私鋳銭《しちゅうせん》・破損銭などがあり、精銭(良銭)・悪銭が入り交って流通の混乱、争いが起きていた。このため、百姓が銭納のための精銭を入手することが困難であったので、米・絹綿・麦などでの納入を認めるようになっていく。

鉄黒漆塗四十八間筋兜鉢（銘、「相州住家次」）

▼**近衛尚通**　一四七二～一五四四。関白《かんぱく》・太政大臣《だいじょうだいじん》。日記『後法《ごほう》成寺《じょうじ》関白記』を残す。氏綱との関係は密接で、氏綱は正室死去後、尚通の娘を後室に迎えている。また氏綱は、鶴岡八幡宮造営では尚通に要請して、奈良から興福寺の大工や瓦師を派遣してもらっている。

商人・職人も多数やってきた。京都からきた宇野《うの》（外郎《ういろう》）氏は、先祖が中国出身の医道に通じた陳《ちん》氏（外郎氏）と伝え、外郎丸薬《がんやく》（透頂香《とうちんこう》）の製造販売の独占権を認められたほか、幅広く商業活動を行った。京都とのあいだを行き来して、北条氏のためにも活動している。伊勢《いせ》の商人もやってきた。小田原に拠点をもちつつ京都・畿内とのあいだを往復した商人も多い。伊勢や紀伊《きい》半島と関東を廻船《かいせん》で結ぶ商人もいた。

職人では、京紺屋《きょうこうや》と称する津田《つだ》氏が大森氏の代から小田原にいて、早雲に仕えた。鋳物師《いもじ》には河内《かわち》からやってきたという山田次郎左衛門が小田原の新宿《しんしゅく》に工房を構えた。そのほか、石切《いしきり》・畳指《たたみさし》・皮作《かわづくり》・神事舞大夫《しんじまいだゆう》などもいた。小田原では鋳物師により小田原天命《てんみょう》といわれる優れた茶湯釜がつくられた。小田原の刀鍛冶《かたなかじ》には駿河《するが》の島田《しまだ》からやってきて小田原に住し、「小田原相州《そうしゅう》」と呼ばれた鍛冶がいる。兜《かぶと》には「小田原鉢」と呼ばれる優れた兜鉢がある。大森氏の代から在住という甲冑師《かっちゅうし》小田原明珍《みょうちん》のほか、「相模国住人家吉」「相模住吉宣」などの銘を残す甲冑師がいた。また、小田原塗と呼ばれる漆器《しっき》も生産された。優れた技術をもつ職人の集住で、小田原の名を冠した優秀な製品が生み出された。

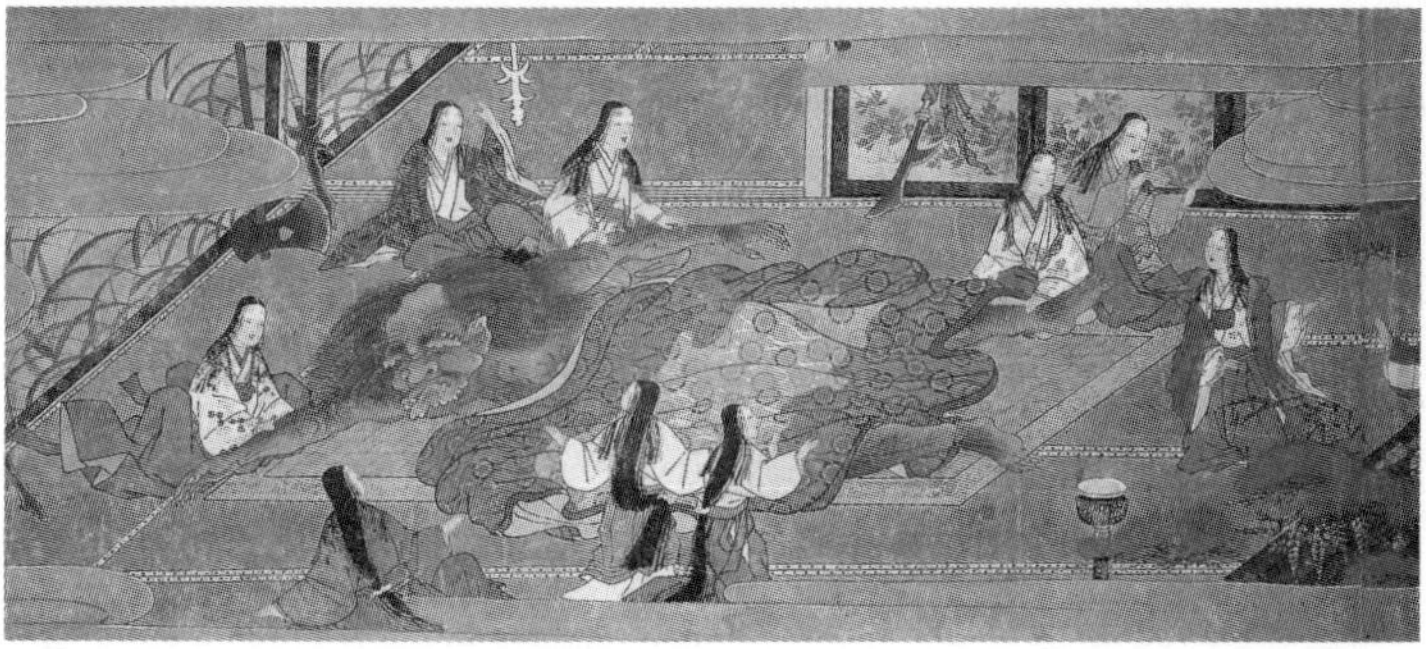

『酒伝童子絵巻』（部分）

小田原ブランドである。絵画では小田原狩野《かのう》派も成立した。氏政も絵を描いたといわれ、画僧の雪村周継《せっそんしゅうけい》を招いている。

早雲も『太平記《たいへいき》』を書写したが、早雲の子宗哲《そうてつ》も世田谷《せたがや》吉良氏朝《きらうじとも》に嫁ぐ娘の所望により『太平記』を書写してもたせた。氏綱は『源氏《げんじ》物語』の書写を、連歌師宗《れんがしそう》長《ちょう》を通じて三条西実隆《さんじょうにしさねたか》に頼んでいる。のちに氏康も『源氏物語』の書写を別人に頼んでいる。一五二二（大永《たいえい》二）年に氏綱は関白近衛尚通《かんぱくこのえひさみち》▲に『酒伝童子絵巻《しゅてんどうじえまき》』三巻の制作を依頼した。この絵巻は当代一流の絵師狩野元信《もとのぶ》が絵を描き、詞書《ことばがき》は近衛尚通・青蓮院尊鎮法親王《しょうれんいんそんちんほうしんのう》らが執筆した。氏綱は謝礼一〇貫文を贈っている。さらに、この絵巻の銘と奥書は三条西実隆に小田原宇野氏を通じて頼んでいる。

北条家には北条家本『吾妻鏡《あずまかがみ》』や『後三年《ごさんねん》合戦絵巻』もあった。中国南宋《なんそう》の画僧玉　澗《ぎょくかん》の「遠浦帰帆図《えんぽきはんず》」も入手していた。京都の公家《くげ》や文化人たちとの密接な結び付きが明らかである。そして、それらを結ぶ商人の活動もみのがせない。

北条氏と家臣らは和歌《わか》や連歌の熱心な愛好者であった。連歌師宗長は一時期小田原や鎌倉に滞在し、その間に北条家臣との交流を重ねた。馬廻衆石巻家貞《いしまきいえさだ》の懇望により連歌入門書『幼童抄《ようどうしょう》』を著わしている。『東国紀行《とうごくきこう》』の作者で連歌師の宗牧《そうぼく》も小田原で氏康や北条一門と連歌会を催している。和歌の冷泉為和《れいぜいためかず》は小田原にも滞在し、氏綱・氏康・宗哲の屋敷などで和歌会が開かれた。北条一門を代表する文化人である宗哲は多くの歌集を所蔵していた。同人は『古今集切紙《こきんしゅうきりがみ》』や『古今集秘伝集』を書写して重臣の板部岡融成《いたべおかゆうせい》にあたえている。融成は飛鳥井雅綱《あすかいまさつな》▲の歌道《かどう》の門弟であったので、雅綱の子重雅《しげまさ》は融成の望みに応えて『和歌詠草《えいそう》』を書写しあたえている。

また、氏康や北条一門が、小田原にやってきた蹴鞠《けまり》の師範飛鳥井雅綱から作法を伝授されている。茶の湯も盛んであった。織田信長《おだのぶなが》らとも親しかった山上《やまのうえ》宗二《そうじ》が北条氏滅亡の二年前に小田原にやってくると北条氏や家臣らがこれを歓迎した。同人は茶湯書『山上宗二記』を融成ら多くの人に書きあたえている。

小田原は商人・職人・文化人らを引きよせる経済・文化の中心地となった。

小田原城跡の一角から北条期の大規模で特異な意匠の庭園跡が発掘された。護岸の斜面に五輪塔《ごりんとう》の火輪《かりん》や宝篋印塔《ほうきょういんとう》の部材の底面を上にして貼りつけた池、色の異なる石をモザイク状にしきならべた切石敷遺構などが出てきた。このような他に類例を見ない庭園をつくった人は誰であろうか。北条氏はどんな考え

▼**飛鳥井雅綱**　一四八九〜一五七一。飛鳥井家は代々和歌・蹴鞠の師範の家で雅綱もその職を受け継いだ。各地を訪れて和歌・蹴鞠の伝授につとめ、尾張の織田一族など各地の武将たちを門弟にしている。一五二五年には北条氏康に自筆の蹴鞠免状を与えた。その後、同人かその子息を門弟とし、葛《くず》袴《ばかま》・鴨沓《かもぐつ》をあたえるなどしている。

小田原城跡で発掘された庭園跡　真中に立つのは安山岩製の板碑《いたび》を庭石に転用したものである。表面の文字は鑿《のみ》で削られているが，1331(元徳《げんとく》3)年造立と解読されている。その周囲に切石がしきならべられている。

護岸の斜面のようす　五輪塔の火輪(笠)などが底部を外側にして貼りつけられている。

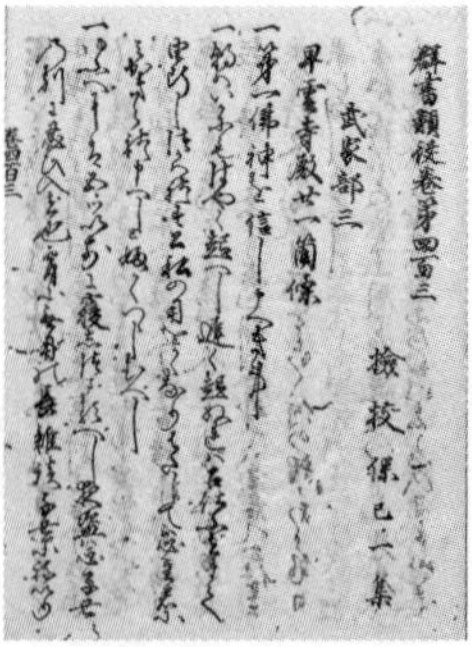
群書類従巻第四百三　撿校保己一集
武家部三
早雲寺殿廿一箇條

『早雲寺殿廿一箇条』(冒頭)

を込めたのであろうか。北条氏のはぐくんだ文化にはまだ私たちがたどりつけていない深い奥行と広がりとがあると感じる。

『早雲寺殿廿一箇条』

江戸初期成立の『北条五代記』に『早雲寺殿廿一箇条』の全文が載っており、それが当時は早雲の著作とされて、読み習う人がいたという。

第一条は「仏神を信じ申べき事」とあり、万人向けのようであるが、第二条では朝は必ず早く起きなさい、そうでないと主君に見限られると説くから家臣への教えである。以下の条文もその範疇《はんちゅう》におさまり、早寝の勧め、家廻りの見廻り、華美な衣装の戒め、出仕の際の作法・心得などが続く。また、書物を読み、書くこと、歌道を学ぶこと、乗馬を習うことを勧める。求むべきよき友は「手習い・学文の友」であるが、「碁《ご》・将棋《しょうぎ》・笛・尺八《しゃくはち》の友」は悪友なので除くべきという。最後は、文武弓馬の道はかねてから備えておくようにと説いている。

奉公人《ほうこうにん》・使用人をもち、主君に仕える家臣の立場の日常に密着した具体的な心得が平易に説かれている。早雲の人がら・思想を反映したように見える条文もある。『中世政治社会思想』上でこの家訓《かくん》について解説した石井進氏は、明証はないとしつつも、「平明・簡潔、実際的であって、実力によって成り上がった戦国大名にいかにもふさわしい家訓」であるとして、早雲の可能性に含みをもたせた。しかし、これが大名となった自分の子孫に残した家訓とはいえないし、家臣向けだったとしても北条期の文献に登場しないことなどから考えて、伝説の偉人となった早雲に仮託してつくられた教訓書ではなかろうか。

最後に、早雲の人がらを語るエピソードを『朝倉宗滴話記《あさくらそうてきわき》』から紹介しよう。同書は越前の戦国大名朝倉氏の一族朝倉宗滴（教景《のりかげ》）が語ったことを近臣が記録したものである。そのなかに、「早雲は針をも蔵に積むほど蓄財を心がけるが、戦争のためなら財宝も惜しみなく使う人だ」と連歌師宗長が語ったとの記述がある。早雲の実像の一端を示しているであろう。連歌師をはじめ旅する芸能者・宗教者がさまざまな情報の伝達者であったことも示してくれる。

『韮山町史』第三巻下　古代中世篇, 1987年
『韮山町史』第十巻　通史Ⅰ自然・原始・古代・中世, 1995年
『山梨県史』資料編６　中世３上　県内記録, 2001年
『新横須賀市史』資料編　古代・中世Ⅱ, 2007年
『新横須賀市史』通史編　自然・原始・古代・中世, 2012年

写真所蔵・提供者一覧(敬称略, 五十音順)

伊豆の国市　カバー表, p. 16下, 21上, 50
馬の博物館　p. 87
江成温子・神奈川県立歴史博物館　p. 80
大川家・沼津市歴史民俗資料館　扉
小田原市教育委員会　p. 93
神奈川県立歴史博物館　p. 90
国立公文書館　p. 56, 94
国立国会図書館　p. 45
柴屋寺・静岡市　p. 42
サントリー美術館　p. 91
下田市　p. 21下
早雲寺　p. 19
早雲寺・神奈川県立歴史博物館　カバー裏, p. 18, 86, 88
増善寺・静岡市　p. 13
大慈寺・伊勢原市教育委員会　p. 12
大長寺・鎌倉国宝館　p. 64
長谷山法泉寺(岡山県井原市)・井原市教育委員会　p. 3上, 8
東京大学史料編纂所　p. 30
日本銀行金融研究所貨幣博物館　p. 70
広島市中央図書館　p. 14
冨士御室浅間神社　p. 24
個人蔵・埼玉県立文書館(道祖土家文書No. 7)　p. 77
個人蔵・神奈川県立歴史博物館　p. 85

参考文献

家永遵嗣「堀越公方府滅亡の再検討」『戦国史研究』27, 1994年
家永遵嗣「伊勢宗瑞（北条早雲）の出自について」『成城大学短期大学部紀要』29, 1998年
家永遵嗣「北条早雲の伊豆征服―明応の地震津波との関係から―」『伊豆の郷土研究』24, 1999年
家永遵嗣「北条早雲研究の最前線」北条早雲史跡活用研究会編『奔る雲のごとく―今よみがえる北条早雲―』北条早雲フォーラム実行委員会, 2000年
石井進ほか校注『中世政治社会思想』上（日本思想大系21）岩波書店, 1972年
岩崎宗純「北条早雲と以天宗清」『おだわら―歴史と文化―』9, 1995年
小和田哲男『後北条氏研究』吉川弘文館, 1983年
小和田哲男「北条早雲と大見三人衆」『地方史静岡』19, 1991年
片桐昭彦「明応四年の地震と『鎌倉大日記』」『新潟史学』72, 2014年
神奈川県立博物館編『後北条氏と東国文化』（特別展図録）神奈川県文化財協会, 1989年
金子浩之『戦国争乱と巨大津波―北条早雲と明応津波―』雄山閣, 2016年
黒田基樹「北条早雲の事蹟に関する諸問題」『おだわら―歴史と文化―』9, 1995年
黒田基樹編著『伊勢宗瑞』（シリーズ・中世関東武士の研究第10巻）戎光祥出版, 2013年（同書には，ここに掲載した文献のうち家永1998・1999，岩崎1995，黒田1995，滝川1991，藤井1956の論文が再録されている）
黒田基樹「伊勢盛時と足利政知」『戦国史研究』71, 2016年
佐脇栄智『後北条氏の基礎研究』吉川弘文館, 1976年
佐脇栄智校注『小田原衆所領役帳』（戦国遺文後北条氏編別巻）東京堂出版, 1998年
下山治久・杉山博編『戦国遺文後北条氏編』1, 東京堂出版, 1989年
下山治久・黒田基樹編『戦国遺文後北条氏編』6, 東京堂出版, 1995年
下山治久『北条早雲と家臣団』有隣堂, 1999年
下山治久編『後北条氏家臣団人名辞典』東京堂出版, 2006年
杉山博『北条早雲』名著出版, 1976年
滝川恒昭「後北条氏東上総進出の新史料―『上総藻原寺文書』について―」『千葉史学』18, 1991年
則竹雄一『古河公方と伊勢宗瑞』（動乱の東国史6）吉川弘文館, 2013年
藤井駿「北条早雲と備中国荏原荘―早雲の生国についての一考察―」『岡山大学法文学部研究紀要』5, 1956年
湯山学『伊勢宗瑞と戦国関東の幕開け』戎光祥出版, 2016年
『井原市史』Ⅰ　自然風土・考古・古代・中世・近世通史編, 2005年
『井原市史』Ⅲ　古代・中世・近世史料編, 2003年
『小田原市史』史料編　原始古代中世Ⅰ, 1995年
『小田原市史』通史編　原始古代中世, 1998年
『史跡小田原城跡　御用米曲輪発掘調査概要報告書』小田原市教育委員会, 2016年
『神奈川県史』通史編1　原始・古代・中世, 1981年
『静岡県史』資料編6　中世二, 1992年
『静岡県史』資料編7　中世三, 1994年
『静岡県史』通史編2　中世, 1997年

北条早雲(伊勢盛時)とその時代

西暦	年号	齢	おもな事項
1456	康正2	1	この年，生まれる(推定)。父は伊勢盛定，母は伊勢貞国娘
1458	長禄2	3	この年，足利政知(堀越公方)，伊豆に入る
1467	応仁元	12	*5-* 応仁の乱起こる(1477年終息)
1471	文明3	16	*6-2* 備中荏原郷の法泉寺に禁制を発給する(発給文書の初見)。この年，今川竜王丸(氏親)が生まれる。父は今川義忠，母は伊勢盛定娘(北川殿，盛時の姉)
1476	8	21	*2-* 今川義忠が戦死し，家督争いが起こる。盛時が調停して，まず小鹿範満が家督につくが，後に竜王丸に譲ることに決したという
1479	11	24	*12-21* 足利義政が竜王丸に今川義忠の遺跡所領などの相続を認める
1483	15	28	*10-11* はじめて室町幕府の申次衆に加えられる
1486	18	31	*7-* 扇谷上杉定正，家宰の太田道灌を殺害する
1487	長享元	32	*11-9* 小鹿範満を襲撃し，今川竜王丸を家督にすえる。閏 *11-* 山内上杉氏と扇谷上杉氏が争う長享の乱が起こる(1505年，扇谷上杉氏が降伏)。この年，嫡子氏綱が誕生
1491	延徳3	36	*4-3* 堀越公方足利政知が死去する。*7-1* 足利茶々丸，異母弟の潤童子とその母円満院を殺害する
1493	明応2	38	*4-22* 細川政元が将軍足利義材を廃し，政知の子清晃を擁立(明応の政変)。*9-* 早雲，扇谷上杉定正支援のため相模・武蔵に出陣。この年，伊豆に侵攻し茶々丸を追う
1494	3	39	*8-* 今川氏親の要請により遠江東部に出陣。*9-* 扇谷上杉定正支援のため武蔵に出陣し，はじめて定正と会談。定正急死
1495	4	40	*8-15* 地震が起き，相模湾岸に津波が押しよせる。*8-* 早雲，甲斐に侵攻。*9-* 早雲，小田原城を攻略する
1497	6	42	*4-* 柏窪城で狩野道一方と戦い，大見三人衆が活躍する
1498	7	43	*8-25* 大規模地震・津波で駿河湾岸など被害を受ける。*8-* 早雲，深根城を攻略し関戸吉信を討つ。足利茶々丸自害
1504	永正元	49	*9-* 早雲・今川氏親・扇谷上杉朝良の連合軍，立河原の戦いで山内上杉顕定を破る
1506	3	51	今川氏親支援のため三河に出陣
1510	7	55	*5-* 扇谷上杉家臣上田政盛を誘い武蔵権現山城に蜂起させるが，*7-19* 扇谷上杉朝良に攻略される
1512	9	57	*8-* 相模岡崎台の合戦で三浦義意を破る。早雲・氏綱が連署して伊東氏に感状を発給。早雲，鎌倉を支配下におく
1516	13	61	*7-11* 相模三崎要害を攻略し三浦道寸・義意父子を滅ぼす。*11-* 上総真里谷武田氏の要請に応じて上総に出陣
1518	15	63	*9-* 虎の印判の使用などについて定める
1519	16	64	*8-15* 伊豆韮山城で死去

池上裕子(いけがみ　ひろこ)
1947年生まれ
一橋大学大学院経済学研究科博士後期課程単位取得退学
専攻，日本中近世移行期史
成蹊大学名誉教授
主要著書
『集英社版 日本の歴史10　戦国の群像』(集英社1992)
『戦国時代社会構造の研究』(校倉書房1999)
『講談社版 日本の歴史15　織豊政権と江戸幕府』(講談社2002)
『日本中近世移行期論』(校倉書房2012)
『織田信長』(人物叢書，吉川弘文館2012)

日本史リブレット人 042
北条早雲《ほうじょうそううん》
新しい時代の扉を押し開けた人
2017年７月25日　１版１刷　発行
2020年７月30日　１版２刷　発行
著者：池上裕子《いけがみひろこ》
発行者：野澤伸平
発行所：株式会社 山川出版社
〒101－0047　東京都千代田区内神田１－13－13
電話 03(3293)8131(営業)
03(3293)8135(編集)
https://www.yamakawa.co.jp/
振替 00120-9-43993
印刷所：明和印刷株式会社
製本所：株式会社 ブロケード
装幀：菊地信義
© Hiroko Ikegami 2017
Printed in Japan ISBN 978-4-634-54842-8
・造本には十分注意しておりますが，万一，乱丁・落丁本などが
ございましたら，小社営業部宛にお送り下さい。
送料小社負担にてお取替えいたします。
・定価はカバーに表示してあります。

日本史リブレット人

1 卑弥呼と台与――仁藤敦史
2 倭の五王――森　公章
3 蘇我大臣家――佐藤長門
4 聖徳太子――大平　聡
5 天智天皇――須原祥二
6 天武天皇と持統天皇――義江明子
7 聖武天皇――寺崎保広
8 行基――鈴木景二
9 藤原不比等――坂上康俊
10 大伴家持――鐘江宏之
11 桓武天皇――西本昌弘
12 空海――曾根正人
13 円仁と円珍――平野卓治
14 菅原道真――大隅清陽
15 藤原良房――今　正秀
16 宇多天皇と醍醐天皇――川尻秋生
17 平将門と藤原純友――下向井龍彦
18 源信と空也――新川登亀男
19 藤原道長――大津　透
20 清少納言と紫式部――丸山裕美子
21 後三条天皇――美川　圭
22 源義家――野口　実
23 奥州藤原三代――斉藤利男
24 後白河上皇――遠藤基郎
25 平清盛――上杉和彦
26 源頼朝――高橋典幸
27 重源と栄西――久野修義
28 法然――平　雅行
29 北条時政と北条政子――関　幸彦
30 藤原定家――五味文彦
31 後鳥羽上皇――杉橋隆夫
32 北条泰時――三田武繁
33 日蓮と一遍――佐々木馨
34 北条時宗と安達泰盛――福島金治
35 北条高時と金沢貞顕――永井　晋
36 足利尊氏と足利直義――山家浩樹
37 後醍醐天皇――本郷和人
38 北畠親房と今川了俊――近藤成一
39 足利義満――伊藤喜良
40 足利義政と日野富子――田端泰子
41 蓮如――神田千里
42 北条早雲――池上裕子
43 武田信玄と毛利元就――鴨川達夫
44 フランシスコ＝ザビエル――浅見雅一
45 織田信長――藤田達生
46 徳川家康――藤井讓治
47 後水尾天皇と東福門院――山口和夫
48 徳川光圀――鈴木暎一
49 徳川綱吉――福田千鶴
50 渋川春海――林　淳
51 徳川吉宗――大石　学
52 田沼意次――深谷克己
53 遠山景元――藤田　覚
54 酒井抱一――玉蟲敏子
55 葛飾北斎――小林　忠
56 塙保己一――高埜利彦
57 伊能忠敬――星埜由尚
58 近藤重蔵と近藤富蔵――谷本晃久
59 二宮尊徳――舟橋明宏
60 平田篤胤と佐藤信淵――小野　将
61 大原幽学と飯岡助五郎――高橋　敏
62 ケンペルとシーボルト――松井洋子
63 小林一茶――青木美智男
64 鶴屋南北――諏訪春雄
65 中山みき――小澤　浩
66 勝小吉と勝海舟――大口勇次郎
67 坂本龍馬――井上　勲
68 土方歳三と榎本武揚――宮地正人
69 徳川慶喜――松尾正人
70 木戸孝允――一坂太郎
71 西郷隆盛――徳永和喜
72 大久保利通――佐々木克
73 明治天皇と昭憲皇太后――佐々木隆
74 岩倉具視――坂本一登
75 後藤象二郎――鳥海　靖
76 福澤諭吉と大隈重信――池田勇太
77 伊藤博文と山県有朋――西川　誠
78 井上馨――神山恒雄
79 河野広中と田中正造――田崎公司
80 尚泰――川畑　恵
81 森有礼と内村鑑三――狐塚裕子
82 重野安繹と久米邦武――松沢裕作
83 徳富蘇峰――中野目徹
84 岡倉天心と大川周明――塩出浩之
85 渋沢栄一――井上　潤
86 三野村利左衛門と益田孝――森田貴子
87 ボアソナード――池田眞朗
88 島地黙雷――山口輝臣
89 児玉源太郎――大澤博明
90 西園寺公望――永井　和
91 桂太郎と森鷗外――荒木康彦
92 高峰譲吉と豊田佐吉――鈴木　淳
93 平塚らいてう――差波亜紀子
94 原敬――季武嘉也
95 美濃部達吉と吉野作造――古川江里子
96 斎藤実――小林和幸
97 田中義一――加藤陽子
98 松岡洋右――田浦雅徳
99 溥儀――塚瀬　進
100 東条英機――古川隆久

〈白ヌキ数字は既刊〉